教师
成长札记
来自国培一线的报告

王晨霞 / 主编

河北出版传媒集团
河北教育出版社

图书在版编目（ＣＩＰ）数据

教师成长札记：来自国培一线的报告 / 王晨霞主编
. -- 石家庄：河北教育出版社，2020.7（2025.1 重印）
ISBN 978-7-5545-5848-5

Ⅰ.①教… Ⅱ.①王… Ⅲ.①教育 - 随笔 - 中国 - 文
集 Ⅳ.① G52-53

中国版本图书馆 CIP 数据核字（2020）第 104937 号

书 名	**教师成长札记——来自国培一线的报告**
主 编	王晨霞

责任编辑	陈 娟 刘亚飞
装帧设计	李关栋
出版发行	河北出版传媒集团
	河北教育出版社 http://www.hbep.com
	（石家庄市联盟路 705 号，050061）
印 制	廊坊市佳艺印务有限公司
开 本	787 mm×1092 mm 1/16
印 张	14.5
字 数	210 千字
版 次	2020 年 7 月第 1 版
印 次	2025 年 1 月第 2 次印刷
书 号	ISBN 978-7-5545-5848-5
定 价	78.00 元

编　委　会

序

　　水本无华，相荡而生涟漪；石本无火，相击而生灵光。教育就是教师与学生的故事，两个水滴的涟漪相遇后，改变了原有的轨迹；两个人的思想相遇后，改变了最初的设定，至于生成什么，一切皆有可能，只有行动了才能知晓。

　　这是一本来自教育一线优秀教师的教育叙事。

　　这是值得各年龄段教师阅读的心灵成长故事。

　　这本书在闲暇之余捧读，有"似曾相识燕归来"的触动与感念。

　　这些朝花夕拾的小故事，记录师生之间的点点滴滴，如同发生在每个教师身上，每时每刻在继续……

　　教育大计，教师为本。我们正处在一个教育变革的伟大时代，这个时代赋予我们教育者新的责任与使命，随着中共中央、国务院相继出台《关于全面深化新时代教师队伍建设改革的意见》《关于深化教育教学改革全面提高义务教育质量的意见》等一系列政策性文件，为新时代我国义务教育事业发展提供了战略指引和根本遵循，关于教育发展、教师成长的话题层出不穷，"兴国必先强师"，造就党和人民满意的高素质专业化创新型教师队伍，越来越成为全社会的共识。

　　教师承担着传播知识、传播思想、传播真理的历史使命，肩负着塑造灵魂、塑造生命、塑造人的时代重任。一直以来，邢台市信都区委、区政府把全面加强教师队伍建设作为一项重大政治任务和根本性民生工程，全区上下围绕创建教育强区目标，以新时代教师素质要求为导向，分学段、分层次、分岗位、分学科进行多维度、多渠道培训，借"国培计划"的东风，选送骨干教师参加"国培计划"置换研修项目和培训者研修项目。这些项目学时长、课程全、理念新，实施全封闭脱产培训，学员教师能够全身心投入到学习中来。聆听国培专家的谆谆教诲，汲取基于教育的知识体系、教育理念、专业精神、教育情怀，教师们的学习热情空前高涨。返岗实践后这些教师学以致用，他们对已有的知识经验进行系统更新，对自己的教育生涯进行重新规划，对过去惯常的教学模式进行反思建构，并将所学所思在全区教师中进行分享与引领。在持续深度学习中，他们突破职业发展瓶颈，重新燃起教育激情，追求自我价值的实现，焕发了自我发展的内驱力。

本书主编王晨霞副局长，多年来一直深入学校、走入课堂，与一线教师进行深层交流对话，开展教师专业成长研究，在教师队伍建设方面有独到见解。在国培项目学习过程中，她和管理员发现学员们有很多鲜活而有意义的成长故事，或感人至深，或收获惊喜，或妙趣横生，或豁然顿悟……这些故事就发生在看似平淡的教育实践之中，虽无轰轰烈烈的壮举，也无昙花一现的惊艳，但却可以让我们发现其中细微的教育蕴涵，以教育叙事的方式记录学习成长的真实过程，引领教师们从教育生活的深层感悟教育的真谛。

这本书是集体智慧的结晶，在成书过程中，组织编委几易其稿，鼓励教师要用翔实的语言，用鲜活的事例，找到属于自己的表达方式，将客观过程、真实体验、主观阐释有机融为一体。

本书的出版得到了各方关注，感谢河北教育出版社的大力支持。我们真诚欢迎各位专家的指正。

梁桂军

（邢台市信都区委教育工委书记、区教育局局长）

目 录

第三章 存养·省察/157

博学·慎思

《说文》有云："博，大通也。"博学即宽广、广博之谓。治学者要兼容并包，百花争艳。慎思，即谨慎思考。治学者要思维谨慎，思想周全。博学与慎思二者同等重要，不可偏颇。作为教师，应学识渊博、造诣精深；作为学生，应功底扎实、素质全面。

　　有这样一群教育人，在激情重燃的日子里，突破舒适区，在变与不变中争进，实现从"0"到"1"的跨越，奔向幸福花开的彼岸，留下脚印一串串……

激情重燃的日子

【文章导读】

青春是什么？

雨果：春天是一年的青春，青春就是生命的春天！

青春是一簇簇跳动的火焰，青春是一张张翩跹的诗笺……

青春的梦想五彩斑斓！

无论青春是什么，我要说青春与年龄无关，只是，激情只待被点燃……

吾十有五而志于学，三十而立，四十而不惑，五十而知天命，六十而耳顺，七十而从心所欲，不逾矩。——《论语·为政》

孔老夫子把人生每一个阶段应该达到的理想状态说得很是明白。

年近四十，参加工作也近二十年，信心满满地自以为"不惑"了，至少在工作上得心应手，也积攒了很多教书育人的经验。所以懒于学习，读书看报的时候也少了，继续教育也多是网络学习的方式，听听讲座，提交提交作业，虽有所感悟，却不曾系统提升。工作中，依然秉着"丰富的经验"，遵规守矩，内心却早已有了倦怠思想。

直到那年的冬天，一次国培的机会，让我走进了河北师大，在满是朔风的日子里唤醒了青春。

我是"大叔"

2016年12月1日，我背着行囊，走进了陌生的河北师大，来到国培大厦。在大厅，我找到了语文学科的报到处，三个笑容满面的"小年轻"站在接待台后面：

"老师，您是语文学科吗？"

"是的，语文是在这儿报到吧？"

"嗯，没错，欢迎您的到来！"

一边办手续，一边与他们攀谈，才知道这几位就是我们的"小班主任"，都是师大的学生，接下来几十天的日子就要在这几个小孩儿的领导下度过了。第一"小班"赵子晔还是邢台老乡，便觉格外亲切，她也很热情地帮我办好了手续，交代了注意事项。

入住—破冰—上课，一切按部就班，开启了国培模式。

有天晚上，我有事儿去小班办公室，恰好他们都在，除了老乡赵子晔，还有笑起来特别甜的陈星和大个子杨博。平时课间的时候偶尔会打打招呼，聊几句，所以也算熟识了。见我来了，他们居然特别热情，拉我坐下，陈星还给我接了一杯水，整得我有点儿受宠若惊了。

"说吧，什么事儿。"

"闫老师，你怎么知道我们找你有事儿？"赵子晔故弄玄虚。

"没事儿你们能这样对我啊，热情过头的！"

"瞧您说哪儿的话，我们对您热情还不是应该的嘛！"鬼机灵陈星拿出招牌微笑，两个深深的酒窝便在脸上呈现。

"是这样的，闫老师，我们听说您平时还写公众号，既然这么能写，能不能……"还是杨博道出了"天机"。

"我没有时间啊。"我连忙打断了他，虽说确实在写公众号，可那也是在朋友的"威逼利诱"下不得已而为之，再说，本身我也不喜欢写任务型的东西，太过拘谨。

"别这样嘛闫老师——闫哥！"赵子晔开始套近乎。

"别，你们才二十出头，我都快四十岁了，当不了哥。"

"闫叔！"仨人几乎是异口同声，喊了这么一个令我啼笑皆非的称呼。想想也是，喊叔也应该，毕竟是我确实长他们十几岁。人家都喊叔了，所托之事肯定不能推辞，只能乖乖就范。

后来成了习惯，人前人后他们总这样称呼，"闫叔"就成了我在国培的一个爱称，但凡比我年幼的比较熟识的人，都喊我"叔儿"。不怎么觉得自己老的人，在这儿居然成了一个大叔，岁月如飞刀啊！

后来一天晚上，林岩老师（河北师大教授、国培计划语文项目负责人）讲完课后，说要成立几个社团：话剧社、通讯社、演讲社……

旁边我们组的小婉儿一直捅咕我："闫叔，赶紧报名吧。"

"我都叔了，还报什么名，我就老老实实学习就得了！"其实这也是我最初来师大时候的想法，不参与别的事情，低调学习——这不是我一向的作风，但确实是我当时真实的想法。

我是"大叔"，青春不再，不能高端大气上档次了，只求低调奢华有内涵！

我当"家长"

"破冰"是来师大参加国培以后第一次才接触，原以为是把我们领到湖边，每人发一把铁锨之类的，然后喊着号子把冰面破开——结果，果然不是！

语文学科是这次国培参与人数最多的学科，来自不同市县区的八十多人走到一起，有认识的，但绝大多数是陌生的。为了使大家尽快熟悉，国培负责人之一程飞老师带着我们做了好几个游戏，气氛越来越融洽，认识的人越来越多，心靠得越来越近，"破冰"的预期达到了。

后来我一直在想，当学生走入一个班集体，彼此还不认识的时候，如果我们可以用几个小游戏让他们从陌生到认识，再到熟悉，进而彼此信任，那么，班集体就会迎来一个良好的开端，会降低学生间发生矛盾的几率。

"破冰"那天还有一个重要的任务，就是分组。而叫小组又显得太生硬，所以在这儿叫"家庭"。八十多个人按小学、初中先分开，然后再分成几个小的单位。我们被随机分开，先是彼此迅速认识，这种认识的方式也很是可以强化记忆，对于我这个老是记不住别人名字的人来说，很有效。

我们先是围成一个圈坐好，然后从第一个人开始自我介绍，然后顺时针往下，第二个介绍自己之前，先重复上一个人的介绍，第三个则需要重复前两个……

我是来自邢台任县的武萌萌。

我是坐在来自邢台任县的武萌萌旁边的来自张家口涿鹿的庞敏。

我是坐在来自邢台任县的武萌萌旁边的来自张家口涿鹿的庞敏旁边的来自石家庄栾城的王菊红。

…………

不到五分钟，我们八个人便全部记住了彼此的名字，从那一刻，我们有了一个新的"家庭"。

有了家庭，就得有家长。

在选家长这个问题上，我们的成员显示出了难以名状的高风亮节，每个人都是各种推脱，但凡能想到的理由都想到了。在"家人"们如此谦虚的氛围中，我被推到了"风口浪尖"，因为这个"家庭"中只有两个男人，而我又是年纪较轻的那个，另一个承德县的纪绍兴大哥已经五十多岁了，而几个女同志似乎形成了一个默契的团体，认为"家长"非男同志担当不可。

于是我一咬牙一跺脚，一冲动，忘记了自己要低调的誓言，接下了这个"美差"！

往后的日子里，我尊老爱幼，也真的负起了一个"家长"的责任。因为是"家长"，很多事情不得不做，不得不带头做，不得不严密地安排部署。有些时候，任务一件接着一件，既要分得清楚轻重缓急，还要适当安排时间兼顾。慢慢地，我觉得当年的激情重燃了，仿佛又看到自己求学时期昂首挺胸阔步向前的身影。

要么不做，要做就做好，不能在其位不谋其政。不管最初是硬着头皮，还是心甘情愿，尽自己最大的努力，把所有该做的做好，便是对自己和他人的尊重。

我们团结协作，各司其职，在全部的十个"家庭"中各项工作都名列前茅，获得了很多的荣誉：课例研修优秀答辩一等奖、课例研修组织二等奖、优秀影子团队等。

没有爬不上去的山，没有蹚不过去的河。只要拧成一股绳，团队成员劲儿往一处使，就没有完不成的任务，就没有做不好的事情。

于个人而言，没有克服不了的惰性，就看你能不能不忘初心，砥砺前行！

我演"晏子"

上文咱们说到，我本想低调地度过几十天的学习生涯，可是任凭我东躲西藏，也难掩熠熠的光芒！

一天晚上，冯艳丛老师喊我，说有事儿跟我说。虽然眼熟，但是从来没有说过话，也不记得她是谁，找我是有什么事儿呢？

经过一阵谈话，她也说清楚她的来意了。

就在我们国培即将结束的时候，师大要举办一台汇报演出，据说规格还挺高的，教育厅主抓教师教育的领导要亲临现场，所以上上下下比较重视。语文组林岩老师要求话剧社排练一个课本剧，届时参加汇报演出。他们精心排练了课本剧《晏子使楚》，结果感觉不太理想，加上原来是排着玩儿的，现在是要上大台面了，所有成员都觉得压力山大。而她则认为我能演好男一号——晏子。

天啊，我天天低头走路，话都不多说，你怎么就觉得我能演好呢？难道是因为我的五短身材？

我以记不住台词推脱（其实也不是找理由，是真的担心记不住词，我的记忆力实在是太差劲儿了），她是各种的好话说尽，后来还搬来了"小班"一起做工作。任我堂堂七尺男儿汉，却禁不住冯社长的软磨硬泡还有"小班"闫叔闫叔的叫，最终缴械投降，同意试试。

以前在学校主抓学生活动的时候，因为元旦联欢会的需要，会编排指导一些学生表演课本剧、小品之类，原本以为自己演个课本剧是件容易的事情，可第一次去排练，就发现想演好是很难的。

话外音后，在背景音乐中，我带着"侍卫"从幕后走出，然后直接独白：不才晏婴，奉齐王之命出使楚国……

在旁观看的林老师说，上来就自我介绍，显得有些唐突了，前面是不是要加些什么。

我也是觉得需要加些东西，比如让晏子口诵诗句，可猛然间又想不出什么合适的诗句，就先用了一句"路漫漫其修远兮，吾将上下而求索"替代，尽管春秋时期的晏婴是决然不会吟诵出战国时期屈原的句子的。不过这样，感觉找到了，一句诗可以让人物进入情境。

后来，用了稍早的《诗经》里的一句"葛之覃兮，施于中谷，维叶萋萋"作为出场诗，虽也不确定此诗是否早于晏子，但总是接近于可能，于是就没有再考证。

慢慢地，排练次数增加了，我才知道，记台词是最简单的，舞台站位、表情、眼神、语气……无不影响着效果。好的演员片酬也真不是白得的，虽然咱没有这么高的身价，可也得按好演员的标准来认真对待呀！

有时候，就为了一个动作大家需要讨论十几分钟，精益求精的态度用来做什么也是会做好的。后来师大请了省级导演来对我们进行指导，更是感觉大有裨益，如何举手投足，如何情绪带动，如何舞台交流……真是受益匪浅啊。

于是我开始感激冯社长拉我入伙了，否则哪儿有这样学习提高的机会？

从一开始的各种凌乱，到后来慢慢步入规范，短短十来天的时间，我们的节目已经十分成熟，各个角色还准备了B角，以应对突发状况。灯光、音效、服装、道具也在各方努力之下达到了满意的效果。

2017年1月10日，在河北师范大学真知讲堂，"为中国而教——河北师范大学教师教育成果汇报演出"拉开帷幕。偌大的真知讲堂座无虚席，站在后台，望下去黑压压的一片，不免有些紧张。换好服装，喝了几口水，深呼吸几下，和"楚国的大臣"聊聊天,感觉紧张的情绪缓解了许多。

话外音起,在昏暗的大屏幕背景下,晏子倒背双手,迈着四方步缓缓走到舞台中央,灯光打开,深吸一口气,大声吟诵:"葛之覃兮,施于中谷,维叶萋萋……"侍卫跟上……

表演下来一气呵成、自然真实,舞台效果超出预期,不到十二分钟的演出,观众多次鼓掌就是对我们的肯定。

后来国培返岗以后,去北京参观学习,正好林岩老师也去了。提起这次演出,我们交流了很多,林老师还说可以回去尝试弄一个课本剧的校本课程,既深挖了教材,又激发了学生的兴趣,寓教于乐,妙处多多。回来后我搜集了很多关于课本剧的资料,正在积极尝试。

我不敢说从这次培训中获取了多少理论和实践知识,单单是唤醒了青春的激情,便万分感激了。以前很多不想做、不敢做的事情,现在都勇于尝试,大胆创新,连走路都虎虎生风了呢!

青春,其实与年龄无关,当你积极向上,当你信心满满,当你认真学习,当你壮志凌云,你就是拥有青春的人!

作者简介

闫志波,邢台市信都区东户中学教师。授课风格生动形象,语言幽默风趣,循循善诱,旨在开启学生智慧之门。所授课例《风筝》获邢台市教育教学信息化大奖赛课件类二等奖,《抓住动作细节,刻画人物形象》在河北省教师教育学会2017优质课评选中获二等奖,在"国培计划(2016)"置换研修项目中荣获"明星学员""优秀学员"等称号。

从"0"到"1"的跨越

【文章导读】

如果说从"0"到"1"是跨越，那么从"1"到无穷大是坚持。当我们认识到自己是在做什么的时候，勇气自然就有了。

"0"点起步

不知不觉已经工作十九个年头了。最初我在中学，后来又调入小学，在这些年的中小学教学生涯中，我已有小小的成绩，也获得了不少的荣誉。学校离家不远，同事关系融洽，熟悉所教教材，能轻松备课、上课、管理课堂，我俨然成为"有经验的教育者"。我可以用"经验"面对未来的工作，我完全可以在舒适区（一个人所处的一种环境状态和习惯的行为，人会在这种状态之中感到舒适并且没有危机感）等待退休。

2015年9月，学区新成立了一所幼儿园，领导派我担任幼儿园园长。接到任命书后，我失眠了，我要不要走出我的舒适区，进入我的学习区（一个人所处的一种环境状态，里面是很少接触甚至未曾涉足的领域，充满新颖的事物），思考再三，我决定接受挑战。

进入幼教行业，对我来说真是全新领域，完全是"门外汉"。从中学到幼儿园，虽没有离开教育界，可这完全是两个不同的领域。幼儿园是新建的，两位男老师是小学转岗的，一名新分配教师是刚毕业的。我面对新起点迷茫不知所措。幼儿园的教师配备，一日活动流程、课程设置，各种规章制度、岗位职责、后勤工作，特别是进货、仓储、台账、厨房一日流程等，我毫无头绪，不知从何入手。我便从"0"开始，用自己的方式涉猎幼教领域。首先上网搜集关于幼儿园管理方面的知识，又买来《幼儿园教育指导纲要（试行）》《3—6岁儿童发展指南》《幼儿园工作规程》《幼儿园管理条例》等书籍，每天熬夜苦读。此时，我妹妹的孩子正上幼儿园，我一有空就去妹妹家，询问幼儿的接送、交费、伙食等情况，拉着外甥女了解上课、生活的细节问题：在幼儿园吃什么饭？怎么吃饭？是老师盛你们端，还是老师端？一个班有几个老师？老师讲的都是什么？……那段时间我就像疯子一样，除了询问外甥女，在街上只要看见带孩子的家长一定会拦住问："孩子上幼儿园了吗？幼儿园伙食怎么样？上什么课程呀？"我的这种做法换来的是猜疑的目光，有些家长甚至像躲瘟疫一样领孩子就走。我的亲朋打趣地说："人家以为你是人贩子呢！"

虽然相信"笨鸟先飞"，不会的东西就学，不懂的东西就问，相信只要不断学习、总结，就能够取得进步，但这个过程有点缓慢，工作起来还是不太顺畅，常常遇到棘手的问题不知如何解决，非常希望有机会进行系统学习。

取经之路

自2015年9月，凡是有幼儿园培训学习的机会，我都积极争取，我迫切需要和专家同行进行面对面、点对点的沟通交流，需要来自幼儿园教育一线的经验指导。每次培训我是既高兴又担心，高兴的是可以和同行、名师面对面交流，还有到一流幼儿园跟岗学习的机会，终于可以让我这个"半路出家的和尚"好好取取经。担心的是刚开园，一切还未就绪，有大量的工作需要协调。园内有190名幼儿，却只有10名教师，其中有4名新老师和2名实习生，更要命的是连个副园长都没有。每次出去学习都要把幼儿园工作进行细致安排，每天晚上要打电话询问幼儿园的情况。

专家精彩、实用的专题讲座，就像一扇窗，为我带来了外面广阔天地的一束灿烂的阳光，使我对幼儿教育有了清晰的认识。它不只是吃吃喝喝玩玩，而是一个充满阳光的事业。刘毅玮教授在《如何提高教育智慧》讲座中说："教师要有角色智慧、问题智慧、反思智慧、语言智慧、对象智慧。只有有智慧的教育，才能培养出有智慧的人，只有有智慧的教师，才能培养出有智慧的学生，只有有智慧的校长，才能有有智慧的教师、有智慧的学校。"这句话深深地触动了我，我重新认识了教育，重新对我所从事的工作做了定位。智慧的领导带动有智慧的教师，建设有智慧的学校，智慧教师、智慧学校才是培养智慧人的源动力。张振平老师的《游戏与儿童成长》讲座，帮助我对幼儿园游戏活动有了深刻理解。他说："游戏是幼儿获得知识的重要途径，是幼儿园不能小学化的有力武器。"想想我们周围的16所私立幼儿园，幼儿一入园就被灌输小学知识，这不就是小学化的幼儿园吗？太不尊重教育规律了！我要为孩子们留住快乐的童年。

在跟岗学习中，我组有幸被安排到石家庄第一幼儿园学习。每天六点坐公交车，七点五十赶到幼儿园，开始迎接幼儿入园，然后再进班跟岗学习。当时正值寒冬，同组学员觉得太苦了，免不了抱怨，但我却有一种窃喜，因为这正是我朝思暮想要了解的"幼儿一日活动"流程、教师授课方式的绝佳机会。到了石家庄第一幼儿园，我像刘姥姥进了大观园一样，觉得什么都新鲜，什么都科学，记笔记、拍照、录像，什么方便我用什么。我向幼儿园白主任要求去看看档案室，求后勤主任能不能参观食堂，请求张主任参加她们的教研。我就像一块儿干燥的海绵拼命地吸收着知识的养分，想把这些理念和知识一股脑带回去。

石家庄第一幼儿园的特色课程为践行课程。践行课程是以直接经验的学习为主，依靠幼儿的亲身感知、反复尝试和探索，从而形成自己的认知结构，让幼儿在做的过程中不断发现问题、解决问题，从而获得各方面发展。为了让我们真切感受践行课程的风采，幼儿园让我们听了大班的音乐游戏"下蛋了"和中班的美术展示课"庙会"。首先，黄老师的音乐游戏"下蛋了"，这节课以歌曲为主线辅以游戏活动，从而激发幼儿学习儿歌的兴趣。赵老师的"庙会"以美术课程为主线，辅以音乐、图片，激发幼儿对中国传统庙会了解的欲望。其次，这两节课打破了传统授课方式，黄老师的"下蛋了"音乐游戏这节课让幼儿通过游戏发现游戏规则，然后自己参加游戏活动，幼儿听音乐观察老师动作，然后进行动作模仿，参与进本次游戏活动。通过此课，能提高幼儿的观察能力、模仿能力和节奏感。赵老师的"庙会"，通过图片、视频展示中国庙会场景，组织幼儿根据观察，画一画你看到的庙会。两节课的内容都与传统课程有较大的区别，它打破了传统五大领域的局限性，从幼儿的天性出发，抓住幼儿爱游戏、爱活动的特点，再把五大领域知识点整合到一起，形成践行课程。两节课充分体现了践行课程的授课特点——自助式学习方式、亲身感知、反复尝试和探索，从而形成自己的认知结构。践行课程让幼儿主动参与到课堂活动中，培养幼儿的观察力、规则意识、动手能力等良好的行为习惯。通过这两节课，我这个幼教的"门外汉"感觉到践行课程与传统五大领域课程相比的优越性。

学习培训使我逐渐进入角色，如醍醐灌顶一般，从教学理念到教学技能，从园所管理再到园所文化，得到了"真传"，接下来的任务就是完善我园各种设施，带领教师进行科学教研，我要用专业的知识去管理幼儿园。

"1"的跨越

回到幼儿园，我把践行课程作为工作的重点在园里实行。首先，在教研活动时间观看师大两节践行课程的录像，并对细节仔细研讨，之后让老师搜集资料，设计践行课程。经过评选，石毅楠老师的教学设计受到大家的好评。于是，我们就安排石毅楠所任教的班级作为试验班，让全体教师去观课研课，我作为接触践行课程的第一人，每次都积极参加。就这样，践行课程在我园兴起，也成为我们的特色课程。

记得2017年3月，七八个家长来到我办公室，七嘴八舌地要求幼儿园教孩子学写字，学拼音，做算术，留家庭作业。他们的理论是其他幼儿园办园都这么多年了，难道还比不上刚招生半年的幼儿园，有的家长甚至威胁说："如果不教知识就让孩子退园。"那天夜里，我辗转难眠，我担心大批孩子退园会影响幼儿园的声誉，更担心孩子没有得到科学、健康的培养。怎么才能让家长认识这一点呢？我立刻打开电脑，搜集北京等地幼儿教学资料，做成简报，第二天家长接孩子时分发给家长，宣传游戏教学对幼儿成长的重要性，并附上我们幼儿园的教育理念，第三天邀请家长观看我园靳丽月老师"小人国"和郭梅颖老师的"沉与浮"公开课，家长终于明白了孩子在游戏中既锻炼动手能力又掌握科学知识。就这样，我用三天的时间平息了这场退园风波，为孩子们坚守了这片快乐的天空。

李村学区王春英主任发现了践行课程的优势，组织幼儿园教师前来观摩学习，她说道："践行课程与传统课程不同，它给了孩子充分的时间和空间，让幼儿自我感知、自我探索，教师在教学过程中结合幼儿的成长规律，促使幼儿解决问题的能力得到提高。"

从2015年9月开园至2018年9月，卧龙春天幼儿园在短短的三年时间里赢得了家长的高度认可。原来的家长想让孩子往外转，现在有很多中班、大班的孩子想转到我们园，小班招生需要严格控制班容量。我们园的老师参加进修学校组织的各种培训班，个个表现出色，园所文化布局合理，伙食搭配科学，办园特色明显，受到各级领导的好评。

培训学习使我开拓视野，增长见识，更让我经历了一场深刻教育观念的洗礼。给我注入新的动力，使我明确了园长的角色、任务，指明了幼儿园的发展方向。

如果从"0"到"1"是跨越，那么从"1"到无穷大便是坚持，从"0"到"1"的跨越，学习培训为我插上了飞翔的翅膀。从"1"到无穷大，需要的是不断地思考与实践。给幼儿提供一个自由成长的乐园，是我永不舍弃的初心。

作者简介

赵芳，邢台市信都区卧龙春天幼儿园园长。区优秀教师，区中小学校本课程开发实施先进个人。曾主持邢台市"十二五"课题"学科教学中渗透德育研究"。在幼儿园教学中实施"课程游戏化，游戏课程化"，让游戏成为幼儿园教育的"春雨"，做到"润物细无声"。

刷新自己还有戏

【文章导读】

世上没有不快乐的人，只有不肯让自己快乐的心。教了一辈子书的老教师，也许会看到工作的终点，也许会感到疲惫，就等着退休呢。您相信吗？拂去心灵尘埃，刷新自己，五十岁的老师会更精彩，更有戏。

"五十而知天命"，我，五十岁的老教师，三五年就该退二线的年龄，对许多事情已没有了强烈的热情，甚至丧失了信心。"今晚有戏，谁陪我去看？报名！"大队辅导员出身的李老师笑嘻嘻地看着我们三个年过半百的老太太，以为我们都会异口同声说要去看戏，潘老师先表态："我不去，哼哼唧唧老半天也唱不了几句。"王老师接着说："我也不想去，我还有作业要写。"看着失望的李老师，眼睛瞪得很大，张开的嘴巴半天没合上，我内心在纠结，小时候大人背着我在村里戏台下看戏，只能看见穿红戴绿的各色花脸在台上移动，最多看见上半身，尤其是旦角好像脚下有滑轮似的，咿咿呀呀唱个不停，中间是锣鼓弦子的声响，看半天戏回来啥也没看懂只看热闹了，还不如奶奶用家乡话讲的故事好听，说实在话，有些戏是听完奶奶的故事在戏台上印证看懂的。现在说去看戏好像还有小时戏台下的阴影，觉得浪费时间。李老师客气地喊："闫大姐，咱们去吧？"我真不好意思拒绝她，故作高兴地说："好，去看戏！"

七点开场，我们六点半就溜达着走到了礼堂门口，没想到，人还真不少，"全国优秀戏剧进校园——全国梆子声腔优秀经典剧目巡回展演"醒目的红色条幅横挂在半圆形礼堂的大门口，进入大厅，人们在巨幅海报前纷纷留影，李老师也拉着我在海报前摆着各种姿势拍照，我的心被这么高规格的正规场景慢慢地融化着，我觉得我不再是陪李老师敷衍了事了。原来是这正规的架势慢慢地点燃了我的兴趣。

我们随着人流检票走进了剧场，找到了自己的排号座位落座，舞台大幕紧闭，舞台两边的电子条幅上反复滚动着今晚剧目《三断胭脂案》和温馨提示，提示大家手机静音，不要大声喧哗，保持剧场卫生等。舞台正前方是乐队，开戏前他们演奏的是轻快的音乐，这些乐手也是服装鲜艳亮丽，艺术范儿十足，加上他们非常陶醉的神情和动作，可观赏性极强，这些原本是幕布后的伴奏团队，如今也被放到了台前，为演出增添了强大的阵容感。

随着紧密而有节奏的锣鼓点大幕拉开，好戏开始了！两边的滚动字幕是剧情介绍，舞台上是故事场景展现，道具在各种灯光映照下是那么的逼真。紧接着第一个演员出场了，跟随他唱的唱词，两边的电子条幅即时滚动着字幕，演员字正腔圆的演唱博得观众阵阵叫好声，这样的现代化多媒体应用让观众看得懂，听着美，有身临其境之感，我不由地小声跟身旁李老师说："现在看戏好享受啊！他们不来亏了。"

《三断胭脂案》取材于《聊斋志异之胭脂》，是一出一波三折的公案戏，去除鬼神情节，全剧渗透着"民为国本，慎思守志""法以实为据""官有错必纠"的思想，"民为国本，慎思守志"的唱词以多种形式反复出现，演员一唱三叹，精神深入人心。我惊叹舞台服装之精美、靓丽、考究，我品味唱腔情感表达到心灵极致，我欣赏演员夸张的动作表情达意，我沉浸在剧情中，其实每个人心中都有爱国正义情怀，为民守志的初心。随着言简意赅的唱词和高昂响亮的唱腔，我们的心被一次次触动，心中的情感被一次次激发，我几乎被拉到了和主角同频的节奏，和他一起愁一起乐，一起拨开云雾见日头，去实现正义的痛快淋漓的大结局！当大幕落下，我还沉浸在剧中，"民为国本，慎思守志"还萦绕在耳边，浑身血液沸腾，热泪盈眶，我不由地站起来忘情地鼓掌……

有热心观众上台给演员献花，我更加使劲儿地鼓掌，不禁在想，我怎么没有想到给演员献花来表达观后心情呢？我更加用力地鼓掌，好像这样能弥补自己的遗憾。紧接着是领导上台接见演员并合影，我鼓掌拍到手都麻了，我和李老师对视一下几乎同时说："咱上台跟演员合个影？"于是我们随着人流慢慢向舞台靠近，前面有许多年轻学生在跟演员合影交流，我生怕轮到我们演员就走了，我的心急切地狂跳，快速地想着给主演合影前说句什么话，"您好，我想给您拍张照片""您好！您唱得太好了""您好！您点燃了我对戏剧这种艺术的热情""您好！我都50岁了，向来反对追星，但是今天我来追星了，您是我第一个追捧的明星，我想跟您合张影！"这样的语言在内心翻来倒去不知先说哪句，真的排到我了，我紧紧握着主演的手："您唱得太好了！我很佩服！咱们合个影吧？"刚才想得那么多语言一下子被这简单的词堵住了！我们拍了照就被后来的人流推了出来，我回头望台上还有许多人在排队合影，我非常感慨，这不就是人生吗？人生如戏，一点儿也不假，每个人都是一个演员，实现着各种价值观，在人生大舞台上缘起缘灭，从身边眼前经过。精彩的表演给人激励，给人鼓舞，特别是我们当老师的，我们的主体观众是天真的孩子们，我们每天走进校园，一言一行都是示范。我们每天走进教室，学生目光的焦点都在我们老师身上，我们的行为、语言、细节出现漏洞都会被学生捕捉到，所以要谨言慎行。课堂其实是根据一个剧本在演戏，剧本就是我们的备课内容，怎样出场，怎样演绎，怎样应对突发问题，怎样收场，都应该是提前设想到的。我们在谢幕之前他们都在认真观看！大幕拉上之前，要珍惜台上的每一分每一秒，给观众留下最完美的艺术形象，任何的懈怠都将影响个体形象，都将影响观众的欣赏，我们做老师的，如果有丝毫的懈怠，我们那认真可爱的"粉丝"将受伤害！敬业爱人，见贤思齐是我们教师职业的特点，我们工作境界应该来源于生活又高于生活，高调工作，引领社会向善、向美、向和谐发展，像森林能改变气候一样，用我们的职业行为引领孩子健康成长，改善社会气候。

"天行健，君子以自强不息"，是说君子法上天刚健、运转不息之象，而自强不息，进德修业，永不停止。十一点我们回到宿舍，感慨良多的我就迫不及待地打开笔记本电脑写下了我的今日感悟——《老教师刷新自己该有戏》。

我珍惜我的"戏"还能在我小小的校园精彩上演。我精心规划和设计自己的角色形象，我是老师，我是教育管理者、领导者，我每天像空姐登机前一样郑重而精心准备，用心穿戴，得体盘头，精细化妆，因为我深信教师的仪态仪表就是无声的教育，教师的形象确实能影响孩子的情绪和心理健康，也能潜移默化地影响孩子的审美品位，特别是青春期的中学生。我们中老年教师有中老年教师的成熟之美，我们把知性、温和、沉静、优雅的美用自己的方式演绎给孩子，我们每日的角色形象就是在给孩子培养角色和性别形象意识。

我信心十足地踏上了家长讲堂，讲座过百场，听众过万人，我还给自己的讲义取名为《阳光闫论》，我深信家庭教育是学校教育的厚土，做好家庭教育意义非凡；我满怀欣喜地走向了教师培训之路，《谁动了我们的好心情》《做孩子一生的贵人》《演好自己的角色就是讲师德》等培训用最接地气的观点和方法拨动教师的心弦，引领教师塑造阳光心态，拥抱阳光生活。教师是学校教育中最核心的因素，我觉得森林可以改变气候，教师的职业行为可以改善社会气候，提升教师职业素养是功德之事；我在小小的校园积极推进阳光管理，运行阳光评价，用积极心理育心，用阳光活动育体，用阳光课堂育脑，以传统文化铸魂，用扎实的努力践行阳光教育的理念，滋养着自己，享受着教育的美好，我感受到了刷新自己真的很有戏。

作者简介

闫路敏，邢台市信都区泉北学区校长。家庭教育高级指导师，国家二级心理咨询师，生涯规划师，河北省家庭教育专家讲师团讲师，邢台市家长学校讲师，邢台市学科名师，区教育教学讲师团、家庭教育讲师团金牌讲师，邢台广播电台"教育在线""快乐校园"客座专家主持。14年的团委书记兼少先队大队辅导员，近30年的政教工作经历。用炽热的爱心研究教育理论，传播教育智慧。在邢台市父母大学、区幼儿园等学校，机关，社区里做大大小小专题讲座百场以上，受众过万人；她推崇阳光教育，有强烈的责任心，钻研校园文化和班级管理，重视活动实践，在个体咨询和团体辅导方面有丰富的经验。

脚印一串串

【文章导读】

月亮茶壶造山崖，

有趣好玩长知识，

欢呼雀跃明学法，

惊雷直落遍地花。

时光荏苒，岁月倏忽，不知不觉间，我已走过了教育生涯的第二十五个年头，我觉得当老师是一个不断自我发现和蜕变的过程，每一天都在成长，每一天都有新的收获。回顾自己从事教育以来的往事，点点滴滴依然历历在目。

一个讲了十年的故事

原来我讲六年级《宇宙》这一单元时，总感觉离现实太远，学生摸不着触不到，知识又有些高深，没有什么东西可讲，讲起来也空洞无物，学生的学习兴致也不高。我就想怎么才能贴近现实生活，又让学生感兴趣呢？

后来，我决定以讲故事作为切入点，因为爱听故事是孩子的天性。例如讲《月相的变化》一课时，学生很少去观察生活，他们几乎没有观察过整个月的月相，只知道十五的月亮是圆的，于是我就讲了一个《月相茶壶》的故事：话说，一个收古董的中年汉子在茶店看中一位老爷子手中的茶壶，那把茶壶做工精美、古朴典雅，最奇妙的是壶身有生动逼真的星空图案，并且月亮的形状会随着时间变化而变化。于是汉子各种套近乎、拍马屁，终于把老爷子打动了，最后以很高的价格收购了那把茶壶。并且立下字据：不得反悔。可是茶壶到了汉子手中以后，星空似乎停止了，只是初三时的一弯蛾眉月。于是，他辗转找到卖主，拿着壶去向老爷子请教。老爷子斜着眼睛看了看茶壶，又慢悠悠地捻着胡子说："我这是一套茶壶，家里还有29把哩。要不，我都卖给你，弄个整套的。"古董商一听傻眼了，自己花了大价钱，却吃了个哑巴亏。

学生都被故事吸引住了，都迫不及待地想看看老爷子壶上的月相图到底是个啥样子。我就乘机出示了用课件做的30个带月相的小茶壶。学生看到PPT后兴致更高了，王子鑫大声喊："真神奇呀！"张甜甜两眼紧盯着PPT小声嘟囔着："月亮真是太美了！"王帅说："各种各样的月亮呀，有圆圆的，还有弯弯的，那弯的月亮这边明亮，另外一边是黑的，这是怎么回事呢？"许贺重则情不自禁地站了起来说："真没有想到，我们天天见到的月亮竟是个百变美人哩！"同学们都哈哈大笑起来。

我趁热打铁在欢快的气氛中讲述月相的知识，我告诉同学们："月相，是天文学中对于地球上看到的月球被太阳照明部分的称呼。月相被分为8种。"我边指课件上的月亮边说："它们分别是新月、蛾眉月、上弦月、凸月、满月、下凸月、下弦月和残月。我们邢台位于北半球，北纬36度左右，可以在东南或西南方向观察月相。新月是农历初一的月亮，全暗在农历初一，过个两三天就会出现蛾眉月，细细的，像眉毛；到了初七上弦月就登场了，一半像是被贪吃的小孩子啃了，所以一半是亮的，一半是暗的；再过两三天，月亮被天狗吃掉了一点儿，还来不及吃完，就被主人叫了回去，这是凸月，也叫上凸月；农历十五了，月亮像个玉盘似的高挂天际，叫满月。这是农历上半月，月期从初一到十五，月球亮面由少变多，左暗右亮。满月过后，凸月又起，但这回跟上半月的凸月恰恰相反，是左亮右暗的；两三天后，下弦月登场，跟上半月的上弦月相反，左亮右暗；之后便是像镰刀似的残月，在月末出现；最后又重新循环到新月。这是农历下半月，日期从十五到三十，月球亮面由多变少，左亮右暗。月球是个不发光不透明的球体，我们平常看到的月光是月球反射太阳的光。月球因为不透明，所以只有一半被太阳光照亮，向着太阳的一半是亮的，背对着太阳的一半是黑暗的。"

接着，我又拿起了月球模型说："就像这个球，这边白色代表被太阳光照射（手指白色），这边表示背对太阳（手指黑色）。从不同角度看（白色朝学生），这个角度看是全白的；这个角度看（明暗交界线对学生）是一半亮一半暗。如果我们稍微偏一点儿（转过一点儿）则会是黑的多白的少了。所以月相形成的原因与月球不发光不透明，它反射太阳光这点有关。正因为它是一半亮一半暗，所以大家看，亮的两个角的连线基本上是一条直线（课件上显示连接月亮亮的两个角）。"

接着，我发给了每个小组一个月相模拟器，然后又发给每人一张观察纸，让学生学习用模拟器观察月相，并在观察纸上做好记录。我刚说完，同学们便以迅雷不及掩耳之势，迅速地展开了观察。第一组派出组长吴婷婷来摆放"月球"和"小人"，"月球"的亮面要朝着太阳光放，她每摆完一个，组员们就都要站到"小人"的后面观察月相。大家都争先恐后地挤在同一个方向去观察"月球"，差点儿没挤破脑袋，看到的"月球"黑色比白色多，白色的部分像一条小小的月牙船。第二组则每个组员摆放一次，大家既动手又观察，兴致高昂……通过月相模拟器，同学们知道了这个月相是蛾眉月，然后又观察了上弦月、凸月、满月……

最后，我们通过学习和观察月相，知道了产生月相变化的原因：月球是一颗不透明的球体，月球绕着地球逆时针公转，月球的亮面始终朝向太阳一侧，地球观察者看到月相的亮面角度不同。

最后的20分钟，我给同学们发了他们爱吃的夹心饼干，可是却要求他们用饼干"吃"出月相图，并边吃边说是农历哪一天的月相。开始吃饼干了，只见胡小丽先小心翼翼地用手把饼干掰开，然后用牙签照着月相图的图案在奶油上划出一条弧线，接着把多余的奶油用牙签挑出后放进了自己的嘴里，吃得甜滋滋的。王刚则左边咬咬，右边啃啃。"哈哈，真是名副其实的天狗吃月亮啊！"付梅芳边吃边说。她手中的饼干开始是十五的月亮，咬几口小边说是十七的月亮，反过面来是十三的月亮，吃成了半个说是初八和廿二的月亮，再小心翼翼地咬几小口，说是初三和廿七的月亮，只见她一下全放进嘴里吃完了。"咦？怎么看不到了？啊！原来是初一和三十的月亮。"我不禁哈哈大笑着说。"嘻嘻嘻,哈哈哈……"在欢声笑语中,同学们终于把所有月相图都做好了,看着用饼干做好的月相图,同学们别提有多开心了。

然后,我又让学生们在桌上的圆纸上照着自己的饼干月相,动手画出月相图,等一下再把它贴到黑板上来。学生两人一组画月相,并陆续上去贴到自己认为相应的位置。

最后,我请同学们看那些贴的月相,让大家提出问题或疑问。王小宁说:"我觉得初一是看不到一点儿月光的。"我说:"你觉得初一看不到月光,这张放这里不合适对吧。那假如初一看不到月光,十五是圆的,那这个过程怎么变化?"白莉莉说:"我觉得初一到十五月亮是越来越大。前面是缺的,也就是从缺慢慢到圆的。"我总结道:"月相的亮面大小是有规律的,不是一下子上面亮,一下子下面亮。上半月月相是从缺到圆,亮面在右。下半月,从圆到缺,亮面在左。"

下课时,我还留了一个课后作业,把自己画的月相和天上的月相对比,看我们画的是否正确。孩子们的课后作业也完成得相当不错。

本堂课,学生不仅在愉悦的环境中认识了月相的变化规律,还培养了学生观察生活的能力、热爱生活的情感,让他们明白了科学与生活是密不可分的。课后我开始思考开头导入也是一门学问。导入应该能扣动学生心弦、激发学生思维浪花,它像磁铁一样能把学生牢牢地吸引。它的作用在于极短的时间内安定学生的情绪,吸引学生注意力,使学生了解本节课要讲什么。同时还有诱发学生开启思维、唤起记忆,激发学生学习兴趣,引起学习动机,明确学习目的和建立知识间联系的教学活动方式。

新奇多趣,引人入胜的导入,能把学生很快地带进一个美不胜收的学习天地。导入的类型颇多,除了用故事导入以外我们还可以用魔术方式导入,例如我在教《磁铁有磁性》时,以魔术的方法引导学生了解磁极同性相斥的特性。"同学们,今天我给大家变个魔术——'会跳舞的曲别针',大家只有认真观察,才能把我变的魔术学到手。"我把一个曲别针用线拴在桌子上,袖子里藏着一块强磁铁,曲别针就跟着我的手翩翩起舞。学生被眼前有趣的一幕所深深吸引,激起了他们的探究兴趣。在教《热胀冷缩》一课时，我则运用了设计悬念导入法，我把一个踩瘪了的乒乓球放在热水中，不一会儿乒乓球就变圆了。随即问同学们："为什么瘪了的乒乓球又会复原了呢？"这给同学们甩了个包袱，设下悬念，激起了学生很想弄清楚它为什么有这样的变化，想尽快揭开谜团，从而投入到一节课的学习中去。《轮轴》的教学，我采用游戏导入法，用螺丝刀让两个力量悬殊的同学分别握住两头反方向较力，力量大握螺丝刀头的同学始终转不赢力量小握螺丝刀把的同学，从而引起学生的探究欲望。我在教授《显微镜下的生物》时，首先利用多媒体课件展示放大后的微生物，各个像怪兽一样。多媒体课件的使用，使教学内容显得更逼真、更形象，提高了学生对学习的兴趣，也给了学生更多的思考空间。

总之，设计的导入方法有很多种，不一而足，我们要因课而异、因时而异。上述只是我在教学实践过程中归纳出的几种主要导入方法。在设计导入时，我们要根据教学的具体内容和学生的客观实际精心去设计，与此同时要遵循启发性、趣味性、针对性和简洁性的基本原则，目的在于激发学生学习的积极性和主动性，提高学生学习效果和教学质量。

放手"造山"

我在讲六年级的《我们来造环形山》一课时，提前给学生布置了一个课下任务，先不看书，猜想一下环形山是怎样形成的，下节课同学们用材料模拟证明自己的想法。

上课时，"火箭号"小组学生准备了一小堆面粉、一个吸管、一截胶管等。实验开始了，只见组长胡小明将注射器连接胶管，并把胶管插入面粉底部，用力将注射器中的水推出来，不一会儿水就从沙堆上面喷了出来，在组员目不转睛地注视下，面粉慢慢变成了一个"环形山"。"太空号"小组学生准备了一堆沙土、几块儿小石子、几块儿大鹅卵石等，实验一开始，王鹏宇先用小石块往沙土堆上扔去，结果沙土堆只削去了一点点，没什么变化，组员们看样子都有点儿急了，高大的胡一天说："看我的！"他捡了一块儿大鹅卵石挥手向沙土堆砸去。"哇！成功了！"随着大家的高声呼喊，一个大沙土"环形山"诞生了。"极光号"小组同学准备了一个小玩具风扇和一堆小米，只见张亮亮把小米抹平，用小风扇在上面吹起了一个一个"环形山"。崔艳茹迫不及待地喊："老师，老师快看我们造成了好几个环形山！""老师快看，我们也造成了环形山！""老师，我们也造成了环形山！"欢呼声此起彼伏，同学们都用自己的实验用品造成了一座座环形山，自豪的脸上洋溢着成功的喜悦。

接着，我让学生停止了"造山运动"，每个小组汇报自己的想法、做法和结论。于勇说："我看见铁球掉在土地上能砸一个小坑，我想月球上的环形山可能是陨石撞击形成的，我们把沙子铺平代替月球光滑的表面，用鹅卵石代替陨石撞击沙子，经过模拟实验确实可能形成环形山，所以我们认为环形山可能是陨石撞击形成的。"我趁机表扬了他们："你们和科学家的想法不谋而合，真了不起！"崔天才说："我见我们村外有挖煤塌方形成的大坑，我想可能是月球地下有水形成喷泉，泉水干涸后地面沉下去了，形成了环形山。我们就用面粉铺平代替光滑的月球表面，用水和胶管造了一个喷泉，也造成了一个环形山，所以我们认为环形山是喷泉干涸后，地面下沉形成的。""你们的想法很独特，有自己的见解，真理往往掌握在少数人手中！"张亮亮说："我见小旋风过后能在沙地上出现一个小圆坑，我想可能是月球上有大旋风，天长日久就形成了环形山。我们用小米铺平代替光滑的月球表面，用小电风扇代替旋风，在小米上吹成了几个环形山，所以我们认为环形山是大旋风形成的。""你们的想法很大胆，说不定环形山真是大旋风形成的！"我表扬道。

突然有一个学生说："那环形山到底是怎样形成的？"我反问同学们道："你们认为呢？"同学们都陷入了沉思。于是我鼓励他们说："主流科学家认为是陨石撞击形成的，可是谁也没有亲自眼见，说不定呢，只要你能找出充分的证据证明你的假说，都是有可能的，宇宙有许多未解之谜等着你们去探索呢！出发吧！小科学家们！"

一节课下来，人人有思考，人人有动手，人人有收获。充分发挥了学生的想象能力和动手动脑能力以及逻辑思维能力。看来该放手时得放手，反正谁也没有见证环形山的形成，科学家也只是推测而已，何不让学生经历"猜测—推理—实验"证明一次呢？大胆猜想，努力证明，这也正是我们科学课要教给孩子们的一种精神，也是一切科学真理的认知之路。

我认为在日常教学工作中，我们要把平凡的事做出不平凡来。我们要善于从实际教学经验中思考总结，这将是我们今后不断成长的源泉。"吾生也有涯，而知也无涯。"教育之路正如屈大夫所言："路漫漫其修远兮，吾将上下而求索。"今后让我们一起携手在路上，以更稳健的步伐，更从容的姿态，以百倍的信心走好我们的教育之路。不断前行，不断交流，碰撞出科学的火花。

作者简介

张建华，邢台市文星小学教师，邢台市优秀教师、区优秀教师、优秀教练员、区爱岗敬业标兵，纵深研究小学科学课堂教学细节，形成自己的开放多元的教学风格。被聘为区教育教学讲师团讲师。撰写的论文《浅谈如何有效地开展小组合作探究活动》在中国教育学会科学教育分会开展的"2013年全国小学科学优秀论文评选活动"中，荣获一等奖，撰写的教学设计《昼夜交替现象》在2014年"河北省中小学学科教学评比活动"中获得一等奖。执教的课例多次在省市区级评比中获奖。

变与不变

【文章导读】

一天宛如一年

一年宛如一天

任时光流转　我还是我

一遍用了千遍

千遍只为一遍

当回忆久远　初心始现

我做了那么多改变

只是为了我心中不变

——杨宗纬《我变了　我没变》

那一年，我们风华正茂，带着对幼儿教育的满腔热血来到一群可爱的孩子们身边。时光匆匆，我们在不停歇的忙碌中迎来送往，孩子们哭了、笑了，我们笑了、哭了。回首往事，仿佛身边一切都在瞬息万变，却又像是一成不变。那么，这些年，你变了吗？你是否还记得自己当初的模样？

我变了

（一）

"大家下午好，我今天汇报的题目是《情系幼教，携手共进》。首先，我们一起来回顾一下国培历程……"

这是去年六月我代表幼教组在"国培（2016）"置换研修项目总结大会上发言的开场白。我作为第一个上台作总结汇报的小组代表，看着台下坐着的领导、教育同仁们，那一刻的紧张无以言表。

还记得当初接到这个汇报的任务时，我脑海里的第一个声音是"要在那么多人面前作报告，而且他们都是比我有资历的优秀教师，我肯定不行"。紧接着我又想起刻在我童年记忆里的那句："你能不能说话大一点儿声音！"是的，就是这句大人们对我说过好多遍的话，让本来内向腼腆的我变得更加胆小、不自信。在往后成长的时光里，我习惯性地躲避上台说话的机会，我不敢成为众人瞩目的对象，因为在潜意识里我觉得自己不行、不好、不可以。

当我下意识地在脑海搜索用什么样的理由拒绝作汇报这件事的时候，领导的肯定和鼓励让我最终决定"放手一搏"！

回到家后，我拿出自己厚厚的两大本学习笔记，逐页翻阅，结合自己那段日子的进修日记，将回忆编织出汇报的经纬网。之后我就开始编辑文字、筛选照片为汇报丰富内容。最后我将图片、文字呈现在幻灯片上，这一步说起来简单，做起来真心不简单。由于我的强迫症，加上追求完美的心态，光幻灯片的背景色我就调过很多次，更别提文字和图片了，历经"九九八十一难"，我的幻灯片终于做好了。在得到领导的认可之后，我才稍微喘了口气，暗暗鼓励自己说：最难的开头已完成，我可以的，加油！

转眼到了汇报的日子。坐在热闹的会场里，那种近在眼前的紧张让我的心脏快速的"怦怦"直跳，整个人已经无法思考周围发生的一切，只能自顾自地盯着读了无数遍的汇报稿，却看不进一个字。我闭上眼睛，默默对自己说：我不紧张，我已经准备得很充分了，我可以的！

"我的分享完毕，谢谢大家的聆听！" 直到听见大家热烈的掌声我才缓过神来，可是那一刻我还是有点儿不敢去看大家的眼睛，低下头走到座位上。这时身边的领导和同事拍了拍我的肩膀，我一抬头看见他们正微笑着向我点头，还送了我一个大大的"赞"，抬头环顾四周，好像每个人都在向我微笑。那一刻，我坚信我就是最棒的。那一刻，我真想再上一次台喊出自己的心声——自信的感觉真好！

（二）

时间很快来到了今年五月，还有几天就是我们园举行师德演讲的日子了。有了上次的演说经验，演讲的通知一下来，我就开始琢磨选题的问题，师德，作为教师的立身之本，是突显一个教师知识修养和文化品位的重要组成部分，爱和奉献则是它永恒的主题。我应该如何围绕这个主题写出一篇引人入胜又引发共鸣的好文稿呢？我首先坚信的一点就是必须写出我的真情实感，这样的文字才更容易感染人。于是我又一次打开回忆的闸门，细数与孩子们这些年来的点点滴滴。这时，我的脑子里灵光一现，不如就说一说我和我们班的"调皮大王"——赵泽宇的故事吧！这个故事就发生在不久前，所以感受相对更真切。对，就这么定了！

选题一定，稿子的事情就水到渠成了。初稿完成之后我是读了又读，改了又改，最后终于得到了自己满意的演说稿。在PPT完成之后，我开始开启"疯狂"背稿模式，吃饭的时候背，上下班路上背，躺在床上还在背……这一次，我准备好了，我非但没有害怕，而且还有点儿期待这个"练兵"的好机会快点儿到来。

"尊敬的各位领导，亲爱的同事们，大家下午好，我是今天最后一名演讲者刘红，我演讲的题目是《我和我的好朋友》……"接下来的演讲内容如同相声贯口般脱口而出，演讲全程始终保持微笑，期间还没忘与台下的领导和同事眼神交流。当演讲完毕鞠躬致谢时，台下响起了阵阵掌声，透过掌声，我看到的是一张张赞许的笑脸。

这一天，我获得了人生中第一张跟"说"有关的证书！感谢工作让我成长，感谢自信使我快乐！

（三）

演讲比赛以后，我开始认真考虑自信心对一个人发展所起到的重要作用，正如爱因斯坦说的那样："谁拥有自信谁就成功了一半。"自信心，作为一项重要的个性心理品质，它是一个人立足社会的基础，是人生幸福和人生价值实现的重要保障。而六岁前是人格陶冶的重要时期，《幼儿园教育指导纲要》也明确指出："在重视幼儿身体健康的同时，要高度重视幼儿的心理健康。"所以，在与幼儿的相处中，我变得不再吝啬自己的鼓励和赞美，在对幼儿进行健康、知识、技能教育的同时，我开始更加重视幼儿自信心的培养。

涵涵小朋友是一个很乖巧安静的小女孩，现在上中班的她脸上总是洋溢着幸福的微笑，她很喜欢向我讲她在家发生的各种事情，像姥姥给她买了好吃的、妈妈教她学了一首新的古诗、爸爸又把臭袜子乱扔，她很生气等等，很难想到上小班时候的她是这样的情景——

区域活动的时候，小朋友们都选择了自己喜欢的区域开始游戏，只有涵涵一个人默默坐在小椅子上，面无表情地看着大家。"涵涵，你为什么不跟小朋友一起玩呢？"我走过来询问。她先是瞪着大眼睛看我，然后小声地说："我不知道玩什么。"

美术活动的时候，小朋友们都在"奋笔疾书"地创作，涵涵却拿着画笔无从下手，过了好一会儿，我看涵涵的画纸上还是干干净净，就蹲下来轻轻地问她："涵涵，你需要帮助吗？""嗯，我不会画。"

遇到需要选择的时候犹豫迟疑，遇到困难时既不敢大胆尝试，更不敢向老师或其他小朋友求助，经常把"我不会""我不行""还是你来吧"挂在嘴边。这就是之前的涵涵，从她的身上也让我看到了曾经不自信的自己，我决定用我的成长经历去帮助她找到自信。

在幼儿园的一日活动中，我会对涵涵的表现从不同点上给予肯定和赞许，离园之前，总会去找涵涵谈谈心，当然也不会吝啬自己的微笑、抚摸、拥抱，让她感受到老师对她的爱和信任。有时候我也会请她来当小小值日生，帮其他小朋友发放物品，整理玩具，拉近她与小朋友的距离，也让她从为班级服务中获取成功的快乐以及对自我的认可。在与家长沟通中，我得知涵涵从小喜欢看书，在家经常给妹妹讲故事，而且最喜欢讲《小兔子乖乖》的故事，我就先请她在图书区小范围的讲故事，在此基础上利用家长开放日的契机，请涵涵和妈妈一起在全体幼儿前讲故事，一点儿一点儿锻炼她的胆量，提升她的自信心。

就这样，以前不自信的涵涵慢慢地变成现在敢说、敢表现的涵涵。

当我欣喜于涵涵的变化时，才真切地意识到：改变，其实一点儿都不难。

我不变！

（一）

翻看朋友圈的时候，看到了已长成大姑娘的晨分的旅游照片，又一次想起了这个曾叫我"姨"的小女孩。

那时的我刚刚参加工作，带的是小托班。那时的她不到两周半，第一次与爸妈分离来到幼儿园。我每天早晨从她妈妈手中接过哭得稀里哗啦的她，肉嘟嘟的她总是抱得我胳膊酸疼。由于年龄小，她还不会自己吃饭，我就喂她吃饭；户外活动，她要紧紧地牵着我的手；小小的她脾气真的很拧，中午总是哭着不睡觉，我就把她抱在怀里，轻轻地拍拍她哄她睡觉。那一段时间，还没有结婚的我，仿佛一下子有了自己的孩子，无时无刻不牵挂着她。当然，我在付出爱的同时也在收获不是亲情却胜似亲情的感动。

有一次，她睡着后，我把她放到她的小床上去活动室收拾东西。过了一会儿，听见寝室有哭喊的声音，仔细一听，是她的声音："我的姨去哪儿了？我要找我姨……"难道是晨晨做噩梦了，我赶紧跑回去，她一看是我，挣扎着从我同事的怀抱里下来，光着小脚丫向我跑来。原来这个小妮儿是在找我，这一声"姨"见证了孩子对我的认可，也承载着这份工作沉甸甸的责任。

没有当过老师的人，可能没有办法真正感受到这种被班里孩子们信任和依赖所带来的幸福感和满足感，这是我第一次真切地感受到当一名幼儿老师的快乐和价值所在，也是我从当初懵懵懂懂进入这个行业，到越来越爱"老师"这个身份的重要原因。

（二）

时光流逝，现在的我虽已退却了当初的懵懂青涩，可对孩子的爱，对这个行业的爱一直不曾离开。当然，爱的同时也在享受着被爱的幸福——

"小刘老师，我告诉你一个秘密。"

"什么秘密呀？"午休的时候，正坐在床边帮他捏腿的我，听到他说要告诉我一个秘密，就赶紧把脸凑过去。

"我有两个妈妈。"他一脸神秘地说。

"两个妈妈？"我一脸好奇地问。

"对！一个是我的妈妈，一个是老师妈妈！"他一本正经地说道。

"老师妈妈，是说我吗？"我满心期待地问。

"对呀，我在家睡不着的时候，我妈妈就会给我捏腿。小刘老师也每天给我捏腿，你也是我的妈妈。"他闭着眼睛说。

"好儿子快睡吧！"我抑制住我内心的激动，摸了摸他的头温柔地说道。

看着他渐渐睡熟，我才慢慢停下帮他捏腿的手，活动了一下有点儿酸楚的手臂，静静地看着这个让我"又爱又恨"的小淘气，不禁陷入回忆。

他，就是赵泽宇，在这群孩子们中第一个说我是他的好朋友的孩子，也是我师德演讲中的主人公。他情商很高，表达能力也很强，可他曾是让我最头疼的大家公认的"熊孩子"。

"老师，赵泽宇打人""老师，赵泽宇抢我的玩具""老师，赵泽宇在班里跑"……不知何时"赵泽宇"成了班里"点击率"最高的名字。更过分的是，有一次他中午不睡觉，在寝室的过道里爬来爬去，我过去抱他，他竟然挠到了我的脸上、胳膊上，我气急败坏地把他抱到一边，他大喊大叫地吵醒了小朋友。当时的我，除了生气，还有自我怀疑，感觉自己连个小毛孩都管不好，是不是不适合做老师。

过了好一会儿，其他的孩子们又进入了梦乡，我也从刚才的沮丧和气愤中走出来，我看了一眼赵泽宇，暴脾气的他也渐渐平静下来。我把他叫过来，坐到我身边，轻轻问他："你觉得你刚才做得对吗？"

他有些羞愧地说："不对。"

"哪儿做得不对？"我继续问他。

"打老师。"他说完看了我一眼，又低下了头。

"还有呢？"我把手轻轻放在他背上问道。

"对不起，小刘老师！"他突然向我道歉，我有点儿意外。

"好吧，我原谅你。但是你要记住以后不许打人。"看着他点了点头，我又问："那你觉得你大喊大叫，把小朋友吵醒了，这样做对吗？"

"不对，我再也不这样了！"

"嗯，好！回去睡会儿吧！"

"可是，我睡不着。我一睡觉就腿疼。"他边说边捏了捏他的右腿，"我妈妈不给我捏腿我睡不着。"

哦，原来是这样，从那以后，我每天午休都会帮他捏捏腿，他也再没有像那天一样淘气过。相反，他时常会像个小暖男一样，说一些"我的好朋友是小刘老师""老师也是妈妈"之类的暖暖的话，做一些帮我端水、捶背之类的暖暖的事。

正像冰心老人说的那样"有了爱就有了一切"，爱真是一件神奇的事情，它可以让我长时间在琐碎和繁杂之中坚守信念、保持自我，并在自己喜欢的事情上一如既往地努力。

变与不变

纪伯伦说："不要因为走得太远，而忘记为什么出发。"所以，工作之余，闲暇之际，我会静下心来，回首往事，沉淀自己。

突然意识到，不知不觉中，从大学毕业以后参加工作到现在已经七年有余。不知道工作有没有七年之痒，如果真有，我觉得我一点儿都不害怕，因为我还是像当初那样深爱着我的工作，深爱着那群可爱的孩子们。作为一名幼儿教师，这七年来，有很多人问过我："整天跟一群叽叽喳喳的孩子们在一起，你觉得烦吗？"而我的回答从来没有变过："会，但是我想不起来是什么时候了。"这个答案并不是空穴来风，因为只要一想起孩子们，脑子里都是他们一张张纯真可爱的笑脸，留在心底的只有幸福快乐，他们带给我的烦恼只是过眼云烟，仿佛从未留下痕迹。

准确地说，现在的我已经越来越享受和孩子们在一起的时光，享受工作带给我的快乐。这个状态，很多是得益于国培学习。因为国培，我有了更多走出去的机会，才有幸结识了很多优秀的幼教同仁，也见识到了他们把幼儿教育当成自己为之奋斗终生的事业所带给他们的幸福感、成就感。他们的教育情怀、专业素质、人格魅力都在激励着我不忘初心，砥砺前行，去遇见更好的自己。

所以——

改变，是成长，是提升，是不断完善自我的过程；

不变，是初心，是坚守，是爱与被爱的相互作用。

变与不变都让我继续怀抱着初心，拥抱着幸福，一步一个脚印地去寻找幼儿教育事业的诗与远方。

作者简介

刘红，邢台市信都区群星幼儿园一线幼儿教师。和风细雨，如朋友般亲切自然的教学风格，很好地建立了和谐、平等的师幼关系，收获了一批又一批幼儿及家长的喜爱。平时十分注重幼儿自我服务意识和情感品质的培养，为他们今后更好的发展打下良好基础。在"国培计划（2016）"置换研修项目中获得"优秀学员""优秀影子学员""返岗实践优秀学员""影子教师征文比赛"三等奖和优秀公开课等荣誉。

美，触手可及

【文章导读】

幼年的我，喜欢涂涂画画。长大后，我幸运地成为一名幼儿教师，注重美术教学。从开始的美术课，到现在的幼儿园美育，满满的成就感……

我爱上了画画

在童年记忆中，我喜欢画画，哪怕只是一个铅笔头，也要埋头画一番。

记得有一次，我坐在我家大衣柜前临摹玻璃上的图案，那是一幅《龙凤图》，左侧是一只凤凰，它腾空飞舞，翅膀上举，尾羽向上倒卷，目光炯炯有神；右侧是一条蛟龙，龙体细长，两爪外扬，正蜿蜒上升。我正在聚精会神地画着，猛然听到父亲欢喜地呼唤母亲："快来看，看咱闺女画得多像！"原来父亲站在我的身后有一会儿了，我完全不知！他们一起夸奖我，我开心地笑了。

这件事情过去没几天，我和邻居家的孩子们正在大街上疯跑，突然村里中药铺的王奶奶喊我，平时我家和他家不怎么打交道，所以我很惊讶，我跑过去问有什么事，其他小伙伴也跟着去凑热闹。王奶奶笑眯眯地说："听说你能画《龙凤图》，是吗？"我点点头。于是，她拿出一张处方笺和一支铅笔，让我再画一次，我凭借记忆真的画了出来！她喜出望外，说我这么小的年纪竟然能画出这么复杂图案，画得还蛮像那么一回事，长大了一定有出息。她拿出了饼干作为奖赏，小伙伴们边欣赏我的画边品尝饼干。从此，全村的人都知道我会画画，这让我很是骄傲，自己仿佛成了小画家，对画画的兴趣变得一发不可收拾，看见什么图案都模仿。

上学之后，只要有美术比赛，老师就会选我去参加，每次都能拿个不错的名次，为学校争得荣誉。上大学了，我读的是幼师专业，而美术课属于专业课，我认真听，好好练，每次考试都会名列前茅。

我教孩子画画

我在洛北幼儿园工作，班里有三四十个孩子，老师只有我一个。带孩子上课、喝水、去厕所，忙得我团团转。尤其是带小班，常常是上午抽空倒了一杯水，到中午才发现水已经凉了，自己一口也没顾得上喝。慢慢地，我发现了一个窍门，班里幼儿像我小时候一样，喜欢涂涂画画，只要是让孩子们上美术课，他们一定会欢呼雀跃，并且孩子们在画画的时候能够坐得住。所以，我每天都要带他们上美术课，给自己点儿喘息的时间。

每天的美术课，我都教孩子画简笔画，大多是一些简单的水果、花卉、动物、车辆、人物等。以"小白兔"为例，我的课大致是这样上的：

"小朋友们坐端正，今天我们一起画'小白兔'。"

在黑板上，先画出小白兔的轮廓，再逐渐画出兔子头、兔子身体，加上耳朵、鼻子、尾巴、脚，再给兔子打扮一下。示范完毕，孩子开始按照记忆画画，我顺势坐下来喝杯水。

该评价了，哪个小朋友和我画得相像，我就说这是一幅好作品，如果谁没有画，我也顾不上理会。

孩子们画画时用纸不懂得规划，大多数孩子的美术本一天就会用完。好多家长抱怨，认为与其让孩子画画，不如学点儿语文、数学。面对家长的质疑，我不知如何应对，《纲要》中关于艺术领域的规定要求幼儿有艺术活动，如果像私立幼儿园一样，只教孩子写字算术，肯定有悖于《纲要》。但是很明显，我的教学活动设计没有完成《纲要》目标。我平时接受培训学习少，不知如何设计才能完成目标。我必须重新审视我做的艺术活动，找出解决的办法。但是，我的路在哪里？

初试美育，小有成就

　　幸运的是，我参加了为期两个月的脱产学习。通过一系列的理论和跟岗学习，接触了"美育"的理念，知道美育是要通过艺术手段，借助于大自然和社会生活中一切美的事物来对幼儿进行教育。幼儿美育是运用自然美、社会美和艺术美，培养幼儿正确的审美观，使其具有感受美、鉴赏美、表现美和创造美的能力，以及培养健康审美态度的教育。又通过跟岗学习，明白了怎样在幼儿园做美育。

　　学习归来，正好我们幼儿园添了新人，我有了搭班老师，她叫小李。

　　小李的到来让我喜出望外，小李是刚出大学校门就参加教师招聘考试，并且一下子就被录取了，那么多人去考试，录取人数是有限的，可见小李是有才华之人！事实的确如此，小李多才多艺，脑子活，点子多，敢说敢干，整天笑嘻嘻的像个孩子，有她在我就有了时间和精力尝试我所学到的东西。我要学着影子园的样子做艺术活动！我把自己的想法告诉了小李，小李拍掌赞成，说这也是她的想法，她也感觉我们幼儿园没有特色，是需要改变了。当天下午接走幼儿，我就去找园长商量。

　　跟园长沟通之后，他表示大力支持，需要什么材料，尽管说，幼儿园会帮我购置，还夸我的想法很好，让其他老师也要参与进来，共同建设幼儿园，共同进行教学改革，这让我有些意外了，也感到很幸运，心里高兴，笑在脸上。

　　我开始了一系列的美育尝试。

园所文化建设

　　我一有空就做我们的园所文化建设。我们把墙面涂成海蓝色，画上各种形态的海洋动物卡通画，给幼儿一种生活在海洋童话世界的感觉。室内外空间分布有益智区、种植区、美工区、娃娃家，益智区里有新买的塑料积木、塑料玩具、拼图，美工区有新买来的颜料、胶棒、彩纸、小剪刀，还有刮画纸，娃娃家里有玩具娃娃、娃娃衣服，还有用来做饭的厨房玩具，这些是我们从淘宝网上买来的。老师们把家中的能利用的废旧物品都用来布置区域活动，我们从家中拿来了塑料瓶、玉米芯、牙膏盒等废旧物品，还和家长们一起自制了许多玩教具，有报纸球、沙包、毽子、动物尾巴，各区的分布让幼儿一目了然，培养幼儿的秩序感。在美术课上，和幼儿一起画画、折纸、剪纸等，然后将这些作品粘贴上墙，既美化了活动室的环境，又给幼儿展现了美、创造了美的空间。幼儿园的户外环境也做到了整洁、艺术化。通过一系列的布置工作，我们班室内室外都充斥着温暖与整洁，幼儿在潜移默化中感受到美的熏陶，置身于这样的环境中，每天的心情都是美美的。

在美术中表现美

从教学中我感受到幼儿对绘画的热情往往停留在浅层，具有不稳定性。我需要努力将幼儿表面的热情转化为内在的热爱，让他们成为积极主动的参与者，应贴近幼儿的生活来选择幼儿感兴趣的事物。在日常生活中引导他们去观察、去发现，鼓励他们多听、多看、多触摸、多尝试，以开阔他们的眼界，丰富他们的知识，为绘画打下基础。下面是我的一节美术课。

这天，我没有示范，直接让孩子自己画花朵。

5分钟过后，看看孩子们的作品，基本都是四个瓣一个圆心，画面单调，色彩也不丰富。

这时，我把早早准备的绢花、真花（比较简单的太阳花、喇叭花、梅花等）展示出来，给每个小组发下去，引导他们进行观察，让他们边观察边画，从一个点开始着手，慢慢画出整体。

又过了7分钟，再看孩子的作品，大部分完成得很好，花瓣个数对了，形状对了，更令我惊奇的是，有的孩子在涂颜色时竟然用深浅表现明暗关系。

亲近大自然

在大自然环境中，孩子的天性能够得到很好的释放，对自然界的一切事物都会充满好奇，无论是花、草、树，还是陌生人，都会感觉新奇。

我们幼儿园虽然有点儿落后，自然环境却是远超城市。操场周围，蓝天白云、青草绿树，上学的小路，绿草茵茵、庄稼茂盛。加之新鲜的空气，在春秋天是非常惬意的。只要天气好，我和小李便组织孩子们到室外活动，看花丛中蝴蝶飞舞，瞧草丛中的蚱蜢和蟋蟀，最好笑的是一群孩子追逐一只青蛙，青蛙"呱呱"叫着忙着逃命，孩子们学着青蛙蹦，嘻嘻哈哈。有时候我们会捡到落在院子里的小雏鸟，孩子们会把小鸟捧在手心，喂它水和小虫，小鸟是从来不吃我们的东西，最后我会想办法把小鸟送回鸟巢中，惹得孩子们和小鸟依依不舍。孩子们在嬉戏打闹中，通过视觉、听觉、嗅觉、味觉、触觉及肢体动作的发展来认识大自然。那缤纷的色彩，一切的一切，正是孩子最天然的学习场所，而且亲近大自然对孩子的情感、智力、身体都有好处。

我还尝试着用音乐欣赏、体育课以及日常生活等方式来对幼儿进行教育，陶冶他们的情感，提高他们感受美、欣赏美、创造美的能力。

从原来的涂涂画画到现在以美育为目标的美术课，再加上其他形式的美育，使孩子们健康茁壮成长，孩子们的幼儿园生活变得丰富多彩起来。与此同时，促进了他们的智力发展，训练了他们的思维，启发了他们的想象力。我和孩子们共同成长，家长们从此不再质疑我的教学，我感到无比幸福和快乐。

作者简介

　　李建芳，邢台市信都区东户学区洛北幼儿园教师，扎根农村，朴实无华，一片诚心为教育，致力于农村幼儿教育教学研究。被评为区教育系统"巾帼建功标兵"，区班主任基本功大赛中荣获三等奖，国培置换研修项目中荣获"优秀学员"称号，国培计划线下活动中教学设计《醋的酿造》荣获一等奖等。

映日荷花别样红

【文章导读】

水底的淤泥，遮盖不住荷花清丽的绽放；险峻的高山，阻挡不住勇往直前的攀登者。人的生命，似洪水奔流，不遇着岛屿和暗礁，难以激起美丽的浪花朵朵。她向小儿麻痹发出宣战，用终身学习，创造传奇人生。

"老李，和你在一起想不笑都难，我宁愿和你一起把脸笑成核桃皮，也不愿像别人美得像面具。跟定你了，别烦我哈！"

"你呀，咋那么逗呢？活活一个'气死宋丹丹'！"

"老姐啊，你是有什么秘方吗？你简直就是一'千年老妖'，自打我认识你那天起你就这样儿。我谁都不服，就服你了！"

"你的身材都没变过样儿，能传授下秘籍吗，我的女神？"

"喂喂喂，采访一下采访一下，为什么你排练的节目总能拿第一呀，你让我们情何以堪哪？"

"你每天哪儿来那么大劲头，你不累吗？你没烦心事儿吗？你有过迷茫吗？貌似天天你都跟打了鸡血一般！能说说为什么吗？"

"听说你昨儿又去徒步了，还把小强甩得远远的，你真牛！"

"哇，不帮你复印，还真不知道，你有这么多含金量高的证书呢！"

"你设计的校园文化，的确必须高看一等，那简直就是高大上的综合体呀！为你点个赞！"

…………

每每听到这些，我总会莞尔一笑，陷入深深的沉思。其实，很多人并不知道我经历过什么，而正是因为这些经历，才使我不断创造奇迹。也正是因为这些经历，才铸就了不同凡响的我！

那年花儿初绽放

儿时的记忆多半是听父母及家人叙述而知。由于父母工作忙，我们姐儿仨在百天儿之后都被寄养在亲戚家。在家排行老幺的我比姐姐们都幸运，因为我被寄养在北京伯伯家，而姐姐们却被寄养在乡下亲戚家。

伯伯是部队的军官，我便从小生长在军营大院儿里。儿时的我很可爱，也很淘气，军营里总是回荡着我开心的笑声，也总会有我学着"兵哥哥"的模样，在大院儿里走正步、喊口令，拿着小手枪神气活现地操练着、比画着，和小伙伴玩儿捉坏蛋的游戏，以至于总会有身着军装，英姿飒爽的自己出现在梦中。

一日，活蹦乱跳的我，小脸儿突然烧成了红苹果，我被伯母送去医院，结论是食积导致的高烧，但不管吃药还是打针，都无法将高烧退下。经过漫长的医治终于痊愈，父母原以为痊愈回家的我，只是因为撒娇而不肯下地走路，而当我真的下地走路，却发现自己已然失去了正常行走的能力。看过医生后，我被宣布因长期高烧不退，导致了小儿麻痹后遗症，我将终其一生不能正常行走。那年，我3岁！

父母抱着我辗转多家医院，哀求医生将我收留而屡屡被拒，但父母始终坚信世上肯定会有办法能救自己的女儿。于是我和父母共同开启了与病魔搏斗的历程，多家医院都有了不辞辛苦地奔波于单位、家庭和医院的三个形影不离的身影，有了为我送饭不慎摔碎的无数保温瓶的玻璃碎片。清晰记得，乖巧的我每次去打针，总会将自己最爱吃的大枣、花生带去送给医生，好让医生叔叔打针能够轻点儿、轻点儿，再轻点儿，可每次打完针，医生都会把它们原封不动地送还给还在哇哇大哭的我！清晰记得，为了逃避每日一次的注射治疗，无数次被母亲抱上病床，又无数次被我伺机挣脱，想要翻滚下床，都被母亲再次按倒在床上。就这样，从发现我已失去正常行走的能力，到被确诊为小儿麻痹后遗症，到父母怕我落下残疾，为我开启新一轮的扎针、穿刺、吃药、治疗等历程的所有苦痛，都不足以替代那些疼在我身上更疼在父母心上的伤痛。

当我再次蹒跚着学会走路时，才发现自己已不能在奔跑过程中顺利转弯，只要转弯，一定会自己把自己绊倒在地。即使这样，我依然顽强而决绝地逃离病魔，带着父母的坚毅与永不服输的品格日渐长大，成为一个健康快乐、从不肯轻易向困难低头的人。那年，我4岁！

春色满园关不住

康复后的我，成为家中唯一一个上过幼儿园的孩子。军营的积淀和幼儿园早期教育，使得我比同龄的孩子都显得开朗而聪慧，深得老师们的喜爱。小学的第一个六一联欢会，在我的坚持和母亲的争取下，老师信任地为我开设免检绿灯，联欢会上便出现了唯一一个未经彩排、没有化妆、未着演出服的小演员。这个绿灯竟然使我深深爱上这话筒，爱上这舞台，使我不断登上一个个更加崭新的舞台，展示属于我所独有的风采。

1995年的夏日，我原本和同学做伴儿去参加邢台人民广播电台业余节目主持人选拔，却意外顺利通过考试和培训，走进直播间，开始了业余DJ生涯。在收听率不断攀升的同时，听众的来信也雪片般飞来。

印象最深的是一位在狱中服刑的听众，他在来信中写道："您好，希望我的来信不会吓到您，因为我是一个失去自由的人。19岁那年，因为一时冲动酿成大错，犯下了不可饶恕的罪行，给别人的家庭造成了很大的伤害。在高墙中冷静下来的我情绪极度低落，经常会有自杀的念头出现，想要了断余生。在百无聊赖的日子里，你主持的《你的故事，我的歌》闯入我的生活，为我点燃了生的希望，我的心情逐渐变得开朗起来，感觉只有自己好好改造才能够弥补曾经犯下的过失，才能使自己的人生拥有真正的意义。您播出的每一个故事，播放的每一首歌，我总会感动，有的还会使我潸然泪下，有的使我懂得很多做人做事的道理，有的更加深了我的负罪感，也使我懂得了只有在狱中好好服刑，多学多做，早日减刑出狱，为社会多做贡献才能够洗刷我曾经的错误，才不枉在世上走一遭，才对得起养育自己的亲人。"

有了这些素昧平生、也许终其一生都不会谋面的听众们一封封热情洋溢的来信，缩短了我与听众之间的距离，在认可和鼓励下我更加努力地学习如何使手中这支话筒真正连接千家万户，用这支话筒不断传递人间真情，而这支话筒也圆了我的主持梦。

1999年，作为邢台人民广播电台上岗四年的业余节目主持人，由于我担纲的综艺直播节目《你的故事，我的歌》收听率高，被台领导特别允许我这个业余节目主持人参加了河北省广播电视节目录制大赛活动，我带着"狱中人"的故事和心声参加了这次比赛，最终荣获综合类广播二等奖的好成绩。

在电台的多年锻炼和积累，使我在工作中如虎添翼，辅导学生参加演讲比赛总会名列前茅，每天上下课也是伴随着悦耳的音乐和我的提示语一同播放。而这潜移默化的熏陶，无意间成就了儿子的职业，使他考上了中央戏剧学院表演系，步入国家大剧院，走上了追求艺术的道路。

手持彩绸当空舞

父亲在我小的时候不小心腿部骨折，出院康复在家的父亲不是为我和姐姐们读故事书，便是在烈日炎炎下，带着满脸满身的汗水，拄着双拐顽强锻炼，这使得康复后的父亲依然能够健步如飞。

1987年我参加工作，也是车祸导致54岁的父亲从此双拐难离的一年。但这并未影响父亲的学习力，反而更加珍惜生命，珍惜每寸光阴。病退后的父亲依然拄着双拐开心地徜徉于书海。每次去北京看病，王府井书店和西单书店则是必"游"之处。看着父亲坐在轮椅上，手捧大部头的书如饥似渴地翻阅着，使我不禁肃然起敬。而每次回返也总是一路药香伴着墨香。父亲不仅为自己买书，还根据家人的工作、学习需求，每到春节如同年终颁奖典礼，用微薄的薪水换来很多书籍，作为礼物送给两代晚辈，营造了浓厚的读书氛围。父亲阅读的习惯，影响了一家人的习惯。

1997年7月1日，是一个足以让每一个国人热血沸腾的日子。为了庆祝这个日子，历史专业的父亲在母亲的协助下，查阅书籍、搜集整理大量资料，历时一年共同完成了《话说香港》这本书，作为庆祝香港回归的礼物呈现给了祖国，这本书浸透了父母的心血及浓浓的爱国之情！

我被父母的行动所感染，也想用自己的绵薄之力为祖国献礼。结合自身工作性质，我创编了舞蹈《花雨满东江》。创作过程中，了解到东江水和香港的亲密关系，于是用东江作为纽带，连接祖国内地和香港。用向日葵代表香港，太阳代表祖国。我扮作太阳，孩子们扮作可爱的葵花娃。每一个动作都精雕细琢，每一个队形都赋予其内涵，每一个服装道具倾注着创意和心血。为自己定制长长的水袖作为太阳的光芒照耀着向日葵，表达了祖国母亲对于儿女的呵护和眷恋，亲自购买彩带编制成头饰。最后一幕葵花娃手持八条红色绸带在舞台上奔跑穿插，呈现出一个大大的向日葵，我携着长长的水袖不停地旋转、舞动，使整个舞蹈达到了巅峰效果。

舞台上这群娃——大娃和小娃，期盼着香港早日回归母亲的怀抱；舞台上这群娃——大娃和小娃，在祖国的怀抱中健康茁壮地成长；而我也实现了舞台梦，真正意义地摆脱了病魔和心魔。当舞蹈定格的瞬间，迎来了雷鸣般的掌声。牛城晚报的记者在报道中还特别采访了我的儿子，儿子激动地说："当我看到妈妈和小姐姐们在台上表演，我激动得都哭了，他们演得实在是太好啦！"

自此，如同开启了"外挂"，我编排的舞蹈一发而不可收，每次会演总能夺魁而归。那年，我27岁！

采得百花终成蜜

作为首批区局选派下乡支教教师的我，放下需要照顾的76岁高龄且残疾的老父和即将中考的儿子，克服骑单车单程几近一个小时的路程，风雨无阻地到偏远且条件艰苦的李村学区邓庄小学担任音乐、美术及科学教师。

来到这里才深深体会到农村教育现状不容乐观。面对着家长忽视、条件简陋、吃住都很困难的地方，只想倾其所有将自己的爱给这里所有的孩子们。没有教具，没有打击乐器，没有实验器材我不怕，因为我可以就地取材。当孩子们吃惊地睁大双眼观察白糖加热后发生颜色、形状的变化后，一同出去洗勺子的男生回来描述另外一个"以身试法"的男生偷尝勺子上被烧焦的"黑"糖，把自己苦得双眼紧闭、舌头吐出的滑稽样子时，全班同学被逗得哈哈大笑；当显微镜下看到肉眼所看不到的洋葱表皮神奇的结构时，在孩子们幼小的心灵里已然悄悄生发出对科学浓厚的兴趣；当孩子们释放着天性，伴随着音乐表演歌曲，那优雅的舞姿，陶醉的表情深深感染了我；当孩子们从家里带来勺子、杯子、筷子、木头块儿、铁片儿以及装满沙子的矿泉水瓶等生活用品自制打击乐器，为歌曲伴奏时，孩子们竟然深深地爱上了音乐；当孩子们在课堂上用手中的画笔描绘出《我心中美丽的学校》《未来世界》《地球的那端》《二十年后的我》时，那美丽的颜色、稚嫩的线条、奇妙的构想，使我这个性情中人为孩子们送上无数个大大的拥抱！就这样，我和这群从没有走出过村落的孩子们快乐学习，共同生活着。同年10月9日，作为"为农村教育注入活力"的支教教师典范，我的事迹被刊登在《河北日报》第三版内容中。

区教育局举办校徽、校歌展示活动，我努力克服种种困难，发挥自身特长，不厌其烦地精心构思，最终设计出具有深刻意境美的邓庄小学校徽。将老师们的朴实无华、任劳任怨和孩子们天真无邪、探索不止的工作和学习状态写入校歌。当我哼唱这首歌曲并交给孩子们时，老师和孩子们的脸上散发出快乐而自信的光芒，整个校园灵动了起来。

对于经常排练大型舞蹈和合唱的我来说，合唱排练环节却成一大难题。钱少，没关系，我可以用最少的钱来美化出翻倍的效果。物缺，没问题，我可以寻找替代品实现同等效果。但是，对于面对全校100多名没有舞台经验的学生来说，着实让我为之苦恼！

于是，我静下心来观察一至三年级的教学情况，从中挑选了40名队员，从剩余的潜力队员中挑选出15名候选队员，组成合唱队。无伴奏合唱的领唱，则是我一直看好的一年级邓茹雪同学。她长相甜美、天资聪颖、乐感十足，却胆子很小。在反复而枯燥的排练瓶颈期，小姑娘竟然因此而哭鼻子，甚至逃学。于是我与他的父母进行了沟通，让家长感受到老师对于孩子素质的认可和期望。得到支持的同时，排练中再及时加以鼓励和表扬，激发其内在的潜力，最后完美拿下了领唱。

从未上过正规音乐课的孩子们不仅学到了团结合作精神、合唱知识、发声技巧，还在艰苦的排练中克服了年龄小的弱点。就这样，历时20多天，这群个头儿参差不齐，从没上过舞台、见过大场面的娃娃们自信地走出村庄，走进城市，走上舞台。当我带着这群孩子们走进剧场却引来无数复杂的目光，还有一位好朋友调侃着问我："你确信你们是来打擂的吗？"我自豪地说："必须啊！"孩子们也非常骄傲地扬起自信的笑脸回应着。

当校歌和无伴奏合唱《听妈妈讲那过去的事情》超常发挥、完美收官时，四座响起雷鸣般的掌声。作为指挥的我携着我的孩子们深深地鞠躬、谢幕，走下这个已经属于我们的舞台，并在这次比赛中代表李村学区在校徽评比活动中获得了二等奖第二名的好成绩。这支由一、二、三年级拼凑在一起的小小合唱队，在校歌、红歌比赛五个单位获得三等奖中位居第三名。

一年的支教，一年的精心设计，一年的爱心陪伴，邓庄小学从校园环境到师生面貌整体发生了改变，成为李村学区的窗口学校。而这段支教经历为我的教育生涯抹上一笔绚烂的重彩，成为我人生一笔巨大的财富。我也很荣幸获得了河北省优秀教师的光荣称号。那年，我38岁！

终得荷花扑鼻香

不忘来时路，方知向何生！

走上管理层，虽然从未真正离开讲台，但也仅仅是为老师和家长开展讲座活动。多年后"再登"讲台的我，总感觉熟悉的讲台已经陌生，课堂上的突发状况也会无法驾驭，还不如做些活动策划以及事务性的工作来得痛快。

但从不服输的我，还是想使自己不断成长。便备了一节六年级心理活动课《一双发现美的眼睛》。当我走上讲台，看着学生们清澈、明亮、渴望求知的眼睛，内心升腾起浓浓的责任感。

在活动课"美要大声说出来"环节，需要同学们在本组每个同学的赞美卡上分别写出一个优点。等到了展示环节，在同组同学帮助下，将贴在后背的赞美卡取下来欣赏时，三组瞬间炸开了锅：

张扬气冲冲地站起来，大吼："老师，你看肖力给我写的是缺点！"

肖力听后猛地站起身，昂着头，理直气壮地说："怎——么——啦，你本来就有这个缺点！"

王猛生气地将赞美卡拍在桌子上，铁青着脸说："老师，他给我写的也是缺点。我俩还是好朋友呢，我再也不跟他玩儿了！"说完气鼓鼓地坐下。

肖力马上转过身瞪着圆圆的眼珠子，用手指着王猛说："上次就是你把我的本子碰到地上踩脏了，还扯掉一个角，你都没说对不起，也没赔我新本子，你还有理说呢！"

刘媛媛慢慢举起手的同时站起来，不满的眼神看着肖力小声儿说："老师，他给我写的也是缺点！"

肖力此时看到大家义愤填膺地将矛头指向自己，也慢慢没了士气，委屈地小声嘟囔着："上次我考试没及格，老师还没让我叫家长呢，你却跟我妈说我没考及格，害得我爸回家狠狠揍了我一顿，到现在我的屁股还疼呢！"说完，下意识地揉了揉屁股。

这个场景使我想到邵老师曾经和我说过肖力的原生家庭对他的影响，由于父亲酗酒导致家中天天吵架，心情不好时便非打即骂，恶性循环导致父母总是看到肖力身上的各种缺点，家里每个人的脸上很少出现过笑脸。

看到这个情景，我慢慢走过去，让同学们把自己的赞美卡一同摆在桌上。认真查看了所有的赞美卡后，发现除了一张赞美卡上都是优点之外，其他赞美卡上都写有一条字迹不整的缺点。虽然有的同学并没找我告状，但整个组的上空被火药味儿笼罩十足。我抬起头环顾了一下三组的同学们，发现肖力不服劲儿地梗着脖子坐在那儿还生闷气呢。

于是，我首先仔细看了看所有的赞美卡，再让三组的同学认真观察一下，看有没有什么发现，再分别组织每组的同学们分别一同观察。等大家再次落座后，我的问题来了：

"同学们，在你们观察三组的赞美卡时，有什么发现吗？"

大家争着说："只有一张卡上全部是优点，其他的赞美卡上都有一条缺点。"

"你们观察得很仔细。那你们猜猜，这个优秀的学生是三组里的哪位同学呢？"

大家分别说出了自己心目中的"好"学生的名字。我走过去俯下身来摸了摸肖力的头说："大家都说了，你还没告诉老师呢，这张赞美卡的主人究竟是谁你知道吗？"

肖力低下头来，涨红着脸没说一句话。

这时，趴在桌上一直在端详赞美卡的三组组长刘晓晓高高地举起不停摇晃手指的手，抢答道："老师老师，我知道了，这张赞美卡是肖力的。"

教室里发出了长长的感叹声，而肖力竟然羞愧地慢慢低下头，趴在桌上无声地抽泣起来。我走过去紧紧搂住他的肩膀，什么都没说！

当我跳出课堂看课堂，跳出教育看教育的时候，我才真正地发现：教育有时根本不需要语言，一个眼神、一个动作也许就能积蓄足够的热量将坚冰融化。

我深知，选择了教育就是选择了奉献！在教育这个美丽的岗位上，我已无愧而充实地走过了30个阳光灿烂的春秋，登上了一个个属于自己的舞台，并在这个舞台上绽放出独有的风采。我将在未来的人生征途上，义无反顾地一路走下去，去寻找更多、更大的舞台。

作者简介

李卫胜，邢台市行知小学校长，全国优秀科技工作者、河北省先进教育工作者、河北省优秀教师、河北省优秀科技工作者、河北省优秀少先队辅导员、邢台市十大杰出青年教师、邢台市优秀团务工作者、邢台市支持少先队工作优秀校长、邢台市教育系统"巾帼建功标兵"。主研方向：学前教育、家庭教育及学生心理健康教育。2002年撰写论文《浅谈以人为本，加强小学生网德教育》获得由中国教育报和中小学心理健康教育杂志社共同组织的首届"健康杯"全国中小学心理健康教育优秀论文二等奖。2016年被评为区第三届学科名师。2018年执教的音乐课《四小天鹅舞曲》荣获区小学音乐观摩课活动一等奖。

打开一把心锁

【文章导读】

"爱满天下"的大爱精神是陶行知先生的重要教育思想之一。严从爱出，没有爱就不会严格教育。每一位班主任都要学会把握"爱"的尺度，用爱的方式鼓励和教育学生。在实际管理工作中，教师要以玲珑剔透的心去感知孩子的内心世界与外部现实，教师要融入学生心灵，成为学生的良师益友，让学生喜欢与教师主动倾诉心声。这便于建立民主和谐的班级环境，为学生营造良好的成长氛围。

甘为解锁人

自2000年参加工作以来，我已经有近20年的教龄了，时间的沙漏在一个个忙碌的日子中飞快流逝，每每面对那些问题学生，我总是困惑而无奈，感叹自己没有一把万能钥匙去打开那密码复杂多变的心锁。一次偶然的机会，在参加此次国培期间我聆听到专家讲述的一个故事：一个男孩为了开启一把丢失密码的锁，从"000"试到"515"，当他试到516次时，锁终于开了。有人问他，如果密码不是515，还会继续试下去吗？他的回答是肯定的。我不由感慨，我的那些学生不正是一把把特点迥异的锁吗？

历历在目的课堂中，那些摆弄不停、思维漫游的学生，就是一把把一直旅行、迷失方向的锁；交作业时，一会儿说作业丢在家里，一会儿说作业本找不到，总跟你玩猫捉老鼠游戏的，这多半就是一把拥有多个临时密码懒惰的锁；下课了，横冲直撞的，就是一把没有分寸伤人伤己的锁……面对这些形形色色、奇形怪状的锁，我能像小男孩那样耐心地试着解开他们的密码吗？我又拿什么去解开一把把封闭的锁？

一把心锁

魏书生说过："坚信每个学生的心灵深处都有你的助手，你也是每个学生的助手。"他给问题学生布置找优点的任务，让我的心灵为之一震。"对学习没有欲望的学生，第一步工作不是教给方法，而是点燃其欲望之火。"于是，国培回来后，我尝试着了解孩子，走进那一把把锁，找寻他们的闪光之处。我们班最让人头疼的一个孩子就是王瑞乐同学，他就是那把没有分寸伤人伤己的锁，同学们对他避之不及，唯恐受了欺负。受情绪影响他没有朋友，每看到同学们一个个从他身边走开他就做着"小丑"吸引人的注意，在那嬉笑的身影中，我读到的是孤独。我试着悄悄走近这把锁，下课后我经常把他叫办公室，或是给他个小水果，或是一块儿糖，或是一杯水，不紧不慢不温不火地聊着天。聊他的家庭、他的爱好、他的苦恼。原来，正如我所想，他十分渴望与同学接近，可因为学习不好，同学们都不搭理他，于是他我行我素地用各种破坏性行为引起同学们的关注。我不禁自责起来，这一切到底是谁造成的？难道仅仅是孩子的本性？难道作为带他4年的我就没有一点儿责任？深思熟虑后，我下定决心，打开那把没有分寸的锁。

解锁密码

一次活动课，我在班上说，想请他帮我画张像，因为听他父母说他是个素描高手。同学们用怀疑的眼光瞅着他，他满口答应，在一片质疑声中坐下来认真画起来，大约30分钟吧，他收笔。我拿过来一看，别说，还真有两把刷子，用笔流畅，比例恰当，尤其是我含笑的神情跃然纸上，在同学一片啧啧惊叹声中，我请他为画签个名，没准儿将来成为大画家后价值不菲呢。他害羞地署上名字，眼中闪动着自信和喜悦，我笑着对同学们说，哪些同学想要他画像的，可以请他帮忙，他一定不会拒绝的。同学们开心地叫起来，自由活动时，一个个围着他，七嘴八舌地预定画像。他忙得不亦乐乎，却一一应承。

其实要转化这样的孩子，绝非一朝一夕就可以做好的，他的桀骜不驯还会反复发作，我要借助集体的力量，于是我又采取了大胆的措施，让他参与我们育红小学"校园110"的竞选，没想到他居然当上了，这正好给他管理别人的权力，同时也学习约束自己的行为，学会对自己的行为负责，这一招果然取得了非常好的效果，连语文老师都悄悄地对我说王瑞乐的日记中居然写道："没想到当班干部是那么不容易，自己时时处处要起到模范作用，才好去管理别人。想想自己以前的所作所为以及带给同学的伤害，真不应该！我要弥补我的过失，尽心尽力为大伙服务。"那横行于教室的旧态一扫而光。我欣慰地笑了，我知道，我用智慧和爱解开了他的心锁密码。教育家陶行知曾说过："教育是从爱里产生的，没有爱就没有教育。""在你的教鞭下有瓦特，在你的冷眼里有牛顿，在你的讥笑里有爱迪生。"作为教师，我们要让每一个孩子抬起头来走路，让每一个孩子得到人格上的尊重和关怀，让每一个孩子都感受到成功和创造的快乐！对孩子，要舍得付出，多在他们身上开动脑筋，想想他们喜欢什么，需要什么，他们爱想什么，设身处地地引导他们在不知不觉中克服自身的弱点，激发向善向上的动力。

我相信每一把锁都有自己的密码，只要我们温柔地悄然靠近，渴望成长的心灵就会开启心门，轻轻打开。我们常常会为了一粒沙子迷失在眼里而一遍遍地揉搓，越揉搓伤害越深，心锁得更紧，成长需要等待，守望需要距离，放下眼中的沙子和孩子一起探索努力，打开一把把心锁，一定会收获满满的快乐和幸福。

作者简介

　　于莉锦，邢台市育红小学数学教师。从教19年来，一直潜心于数学教学，2015年在区教育局组织的"2015两岸课堂文化交流"活动中前往台湾跟岗学习并参与了同课异构活动。2016年被评为区第三届学科名师，2016年4月加入名师贲友林数学教学工作站，并在研修活动中被评为优秀学员，同年11月在国家期刊《教育视界》发表了论文《一年级数学这样教》。2017年12月参加"国培计划（2017）"河北省乡村中小学教师培训者研修项目，以总分第一的成绩获"优秀学员"称号。

突破舒适区

【文章导读】

作为一名教师，"跨界"是常有的事。积极地去面对问题，不断地把困难转为机遇，突破自己的舒适区，实现自我的高质量发展，是教师要掌握的重要素养。

压力就是动力，目标驱动行动

舒适区指的是一个人所表现的心理状态和习惯性的行为模式，人会在这种状态或模式中感到舒适。每一个人都会有一个适合自己的"心理舒适区"，如果人们的行为超出了这些模式，就会感到不安全、焦虑，甚至恐惧。舒适区的突破意味着打破习惯，扩大行为范围和适应范围，在更大的范围内感到自在。然而一个人怎样才能克服对舒适区的沉溺并大踏步地走出去，甚至是拓展自己的舒适区呢？很多时候，一个人能做到什么地步，取决于他最初定下的目标有多高，他肩负的责任有多大，只有始终按照自己的目标来要求自己，鞭策自己，在路上一步一步地踏实前行，才能不断地突破自己的舒适区，获得长足的进步，实现自我，甚至超越自我。

2016年10月，我收到通知要参加一次国家级教师培训。作为刚刚入职一年多的新教师，我受宠若惊，为能够参加这次的教育部、财政部"国培计划（2016）"——河北省乡村中小学、幼儿园教师培训团队置换研修项目欣喜不已，但又在期待的同时不禁忐忑，生怕自己在培训中做得不够好，辜负了上级领导的信任。

出发前，区里参加培训的教师到教育局参加动员会，会上王晨霞局长给我们作了动员讲话，将这次培训的重要性阐述得很清楚，这次为期一个半月的脱产培训，不仅含金量高，而且内容丰富，她嘱咐我们一定要把握住这次宝贵的机会。此外，王局长也告诉了我们前两批参加国培的老师们取得的优异成绩，在全省优秀教师共同参加的培训中，我们区多名老师通过极佳的表现获得了比例不到五十分之一的"明星学员"称号。看到局领导和教师进修学校对教师培训的重视，我暗自下定决心，既然去参加培训，就一定要做到最好。

从那一刻起，明星学员这四个字就在我心中扎下了根，在接下来的培训生活中，我时刻以这四个字来要求自己，在面临问题时，总会问问自己："一个明星学员，在此时会怎样坚持？会怎样解决？"正是这样的自我要求与督促，才使得我在这一次的培训中，获得了良好的成绩，有了真正的收获。我不仅在教学知识技巧等方面有了巨大的进步，做了题为"You will have a good time"的公开课，还在最后获得了中小学英语学科教学设计比赛二等奖、"创新课"比赛一等奖、说课比赛特等奖，以及"国培计划（2016）"——河北省乡村中小学、幼儿园教师培训团队置换研修项目"明星学员"称号。

突如其来的"跨界"

作为一名科学老师，能够参加这次的培训很是荣幸，但是当我回到了母校河北师范大学以后，我却面临着一个意想不到的状况，那就是我报名参加的科学培训因为人数原因意外取消了，我被调剂到了中小学英语组。这对于我来说是一个不小的挑战，虽然很多教育知识与技巧在教学中是相通的，但是毕竟学科不同，我还是有很大的压力，尤其是此次培训中，英语组着重培训初中方面的内容，更是增加了难度。不过我想想自己来参加培训时的初衷，就决定无论有多难，在这次培训中也不能掉队，还要跑在前头，学会学精，回去当一位合格的种子教师，把这次培训中的收获带回去传播给更多的老师。

舒适区的不断突破

然而当培训生活真正地开始后，我才发现实际情况远远超出了我的想象，这次国培中的每一天对于我来说都是高强度的挑战，如果我不能快速进步，根本跟不上大家的脚步。

为了让我们更好地进入紧张的培训生活，英语组安排了专门的破冰活动，在活动中，需要每个人自我介绍并进行才艺展示，各位老师都有很好的表现。我也抓紧时间用英语准备了自我介绍，并且找出了阿黛尔的《Someone like you》的歌词，打算清唱一小节。可是当轮到我介绍时，我还能完整地说上来，但是要唱歌时，我看着周围一位位老师的面孔却突然卡壳了。是啊，平时只是自己听歌的时候跟着哼哼几声，又怎么能突然就唱好了呢。我想不行了就大概唱一唱，唱一点点也行啊，可是在那一刻，虽然大家鼓励着我，窗外的阳光照在我身上，我却只能盯着天花板，因为我觉得那里的一片空白，就像我的脑海，我竟然一句歌词的调子都想不起来了。我努力地张了几次嘴，却连自己的呼吸声都听不见，最后在大家善意的掌声中回到了座位。坐下的时候我感觉整个人像漂浮在海上，本来应该像是一艘破冰船勇往直前，可我却感觉自己像泰坦尼克，不，像一艘小小的舢板一样撞在冰山上沉没，甚至连浪花都没有，只有星星点点的泡沫浮起。在那一刻，我深深地体会到了自己与其他老师的差距与自身的不足。知识与能力都是需要积累的，只有信心和期待并不能载你起航。不过，才艺表演失利没什么，就此气馁放弃才是真正的失败，挫折不是路障，它不会停下我的脚步，它只是一道横杆，告诉我需要用多大的力气去跨越它。从这一天起，我就决定用更多的汗水去努力，提前准备，多多复习，因为差距不会自己缩小，只能你自己跳得高一些。

为了做到这一点，几乎每一天我都在完成白天的学业后晚上回宿舍加班，重新回顾白天学到的知识，上网查资料，写培训工作日志，尽我最大的努力消化吸收所学内容。此外，因为我心中始终无法忘记明星学员这个称号，我强迫自己走出自己的舒适区，做一切力所能及的工作，每天在学习之余写培训心得在国培论坛发表，担任班委帮助班级开展工作，积极参加班级组织的各项活动，每一次前进，都将我的舒适区边界不断打破，也让我越来越适应高强度的学习生活。

通过紧张的理论学习后，我和我的小组成员来到了二十二中进行"影子教师"研修。在这里观摩二十二中的优秀教师怎样组织课堂活动和进行英语教学。为了让自己真正地将理论知识转化为实际经验，我自告奋勇地承担了小组"一课三研"的授课任务。根据学生的进度，我选取了八年级上册的Unit10 Section B，全体小组成员都非常热心，同我一起备课磨课，尤其是整节课都要进行全英文授课，还要对学生的回答进行合适的生成性评价，需要准备的就更多。第一次授课的时候，学生的反应还算可以，但是我觉得离我的预期还有很大差距，因为一节好课带给学生的感觉绝对不是还可以。我不敢有丝毫满足，继续将教案翻来覆去地修改，每一句话我都要写下来，考虑时态、语法、语态等方面是否合适，每个环节的衔接也是精益求精。同组的老师也积极地同我模拟各个场景，让我将这一节课彻底吃透。终于，在第三次授课后，我不仅在学生的眼中看到了有获得新知识的满足，更是感到了他们被这节课激发的兴趣与思考。当我在收拾书本时听到学生们兴奋地探讨这节课的内容以及各自的想法，真心地感觉到这几天的高强度准备都是值得的。这些付出不仅让我获得了"创新课"的一等奖，更让我在其后的说课比赛中获得特等奖，因为大量地研讨与三次授课实践，已经让我对英语教学有了一个清晰的认知思路。

在这次培训接近尾声的时候，班主任把我叫到办公室，说希望我能提供几张学习生活的照片，我问干什么用，她说你不知道吗？你被评选为英语组的明星学员啦，恭喜你呀！在那一刻，当我的目标与自我期待终于实现的时候，我发现我的内心竟然十分平静，因为这并不像是一个突然的转折，回头看看，从培训的第一天起，我内心中就给自己定了一个最高的标准，我将我的所有行动都以学习进步为指导。其实从一开始我就不是在学习尝试去"成为"一位明星学员，而是直接就"作为"一位明星学员，正是这种心态上的强势改变，才支持我一路走来，能够用近乎野蛮的冲劲儿不断地突破自己的舒适区，完成一项项艰难的挑战。当我的内心早就认定自己是一位明星学员时，获得这份荣誉便显得顺理成章。

起点不重要，重要的是脚下的路和远方

因为我在最初的自我介绍时说过我是师大的毕业生，所以在我获得了"明星学员"的荣誉称号后，张敬彩教授开心地评价我说："我们师大的英语毕业生就是不一样。"我说我其实是生物技术专业的，张教授惊讶地说一点儿看不出来，我的英语课讲得很好，回去了一定要当英语老师，不然就浪费了。在全班同学的笑声中，我万分感激这次宝贵的学习经历，不仅仅让我在这一个半月中学到了理念和知识，更是改变了我对工作对人生的认知：不论起点在哪里，只要按照定下的目标去要求自己，去不断地努力，你就一定会突破自己的舒适区，最终达到自己的目的地。在这个高速发展的社会里，如果想要真正的成长，慢慢地改变是来不及的，应该直接让自己向目标看齐，立刻用目标的标准来要求自己，要有一颗"如果是达到目标的我能怎样做"的心，而不是只想着"初始的我慢慢向结果去靠近"。

作者简介

刘昊原，邢台市南大郭小学青年教师。教学方式新颖，善于启发学生对事物进行探究，带领学生入围全国青少年科学影像节国赛并获得二等奖。曾获得区优质课评比一等奖、区小学科学教师素质大赛一等奖、最佳实验操作奖、区教育系统"宣传思想文化工作先进个人"、国培计划"明星学员"、区古顺杯"榜样的力量——网络安全优秀教师"以及邢台市优秀共青团员等称号。

彼岸，幸福花开

【文章导读】

没有哪一份工作会预先支付给你工作的幸福，除了教育。让教师与幸福牵手，寻觅做教师的幸福，品味幸福地做教师，追求做幸福的教师。怀揣梦想上路，这是我们每一位教育工作者所必须坚持的方向与固守的目标，它不仅仅是为何而教，更是为何而活的问题。缘于一种爱，我倾注了满腔的热情；缘于一种执着，我收获着成功的喜悦……

亲爱的孩子们：

你们好吗？

夜，来得是如此的静，又是那般的快。每当处于此刻——夜深人静的午夜，我都会告诉自己：好好控制自己的情绪，安心学习。今夜，却事与愿违。我不想刻意去想起，也不想轻易地把这份思念遥寄，却在这寂静的夜里，不经意间，把思念捧起。

孩子们，今天，是我离开大家的第四十二天，可以说，除了寒暑假，我未曾与大家分别如此之久。每多一天，就多一份思念，而这份思念里，更多的是对大家的放心不下：孩子们，你们每天有认真晨读吗？每天的值日有认真负责吗？每天的课堂上有认真听讲吗？每天的作业有认真完成吗？每天的阅读有认真坚持吗？每天的家务有认真分担吗？每天的习惯养成有些许进步吗？……

老师此次外出培训，时间长，任务重。从上午，到下午，再到晚上，每一天的学习都是紧张而有序的，很累，也很充实。参加此次培训的学员老师，都是来自全省各地的骨干教师，每一位都非常优秀，他们身上，有太多值得我去学习的地方，因此，我不敢有丝毫的懈怠。我很清楚，自己学习得越多，成长得越快，就越能让我可爱的你们受益越多，每每想到这里，再苦再累，都是值得的。孩子们，老师始终有这样一个目标：我希望通过自己的努力，在对的时间，给你们最需要的教育！我想，现在老师所处的学习环境和大家是一样的吧，班级里，总是会有比你优秀的学生，他们在不停地努力，你又有什么理由轻言放弃？孩子，努力加油吧，要相信自己，只要你努力的比他更多，就一定能够超越他，也战胜自己！

或许大家总是认为，老师，是博学者，要比你们厉害很多。但今天，我想告诉大家：不是的，其实我和大家一样，是一个普普通通的学生，是一个需要通过自己不懈努力，用心坚持，才能取得优异成绩的追梦者！孩子们，你们也都有自己的理想和目标吧，从今天起，你们愿意和老师一起，为了心中那个小小的理想，努力奋斗吗？

老师一直因有你们这样一群优秀的孩子而倍感自豪，很多人在老师暂时离岗的日子里，依然认真坚持每一项习惯的养成，老师为你们点赞，其实，老师也一直在默默地陪伴着大家，也坚持每天五点半起床晨跑，七点准时到研修室开始晨读。每天的学习已经很是疲惫，尤其是天气渐渐转冷，每天清晨，也总会萌生懒惰的念头，但我依然要逼自己一把，坚持这多于其他学员老师的"额外付出"，理由只有一个——我的孩子们每天都在坚持六点半晨读，我的孩子们都在陪着我努力，我没有理由放弃！对吗？亲爱的孩子们，在你们这个年纪，遇到事情时应该也常常会有偷懒、贪玩的念头吧，这很正常，也不可怕，只要你愿意把事情做得更好，愿意陪老师、陪班里的小伙伴们一起努力，老师相信，你一定会有克服懒惰、战胜自己的勇气！

有人说，有一个人可以去思念，是幸福的！也许是吧，老师有六十个人可以去思念，我想我要比其他人幸福的多了。亲爱的孩子们，老师很想念你们，当老师回去的时候，看到你们每一个人的时候，不要让老师失望，好吗？每天，用心地去做好每一件事，陪伴老师一起成长，不断进步，好吗？学会独自处理自己的事情，认真听家长的话，好吗？

老师在努力，你们也在努力，这样，我们就能一起做最好的自己！最后，孩子们，请和老师一起大声喊出来：我是最棒的！加油！加油！加油！

这是我在参加"国培计划"培训者培训项目期间写给学生的一封信。

"师者，所以传道授业解惑也。"韩愈在《师说》中诠释了教师这个职业的含义，要做到这点，教师应具备广博的知识做基础。有道是，"根深才能叶茂""水厚方能负大舟"。但是，教师并非人人都博学，唯有通过不断的学习朝着博学的目标去努力。因此，教师学习成为人类生存和发展的重要手段，终身教育和终身学习是当代教师自身发展和适应职业的必由之路，也是21世纪生存的概念。活到老学到老，是新世纪教师的需要，是时代的呼唤，是教育发展的要求。然而，教师良好素质的形成，并非仅依靠学校教育就能完成，教师的继续教育也显得尤为重要。

河北师范大学承办的"国培计划"培训者培训项目，规格之高、任务之重、内容之丰富是前所未有的，这对于我这样一名青年教师的迅速成长有着极大的推动作用，这是一个难得的机遇与平台。因此，当我听说有这样的一次深入学习的机会，渴求拓宽教育视野、亟待快速成长的我鼓足勇气，下定决心，第一时间向校领导、区教师进修学校提出申请。

当初，这一决定对我来说很是艰难。在工作岗位上，我初为班主任一年时间，班级秩序和孩子们的习惯养成教育刚见起色，孩子们需要我；班级家长中，有部分父母对于这一阶段如何更好地关注孩子习惯养成、健康成长存在困惑，家长们需要我；在2017年12月23日，我将完成人生中一项重大使命，步入婚礼的殿堂，家人需要我。初接到国培通知时，只知道时间之久前所未有，但何时结束还不明确。我永远都不会忘记，在这样的情况下，郑淑云校长郑重地问我的那个问题：你确定要参加此次培训吗？现在，我想我可以无悔地回答：我确定。

由于多种因素导致的学校教师资源的短暂性紧缺，在选派我外出培训中学校方面也克服了诸多困难。首先，从学校教学工作正常运转需求的全局考虑，慎重选派语文老师与我交接工作，暂时接手我班语文教学任务，保证在我脱产学习期间班级教学工作的正常进行。其次，为了保证在我脱产学习期间班级日常管理工作正常运行，学校又安排搭班老师负责班级日常管理。对我手头上的一些学校工作，也都进行了妥善安排与交接。我很感动，源于局领导的认可，源于进修学校的信任，更源于我们校领导全力支持与培养。

我为期两个月的外出培训学习离不开班级家长朋友们的支持与鼓励，对于我的暂时离开，大家毫无怨言，有的只是支持、鼓励、期盼，祝愿我学有所成，不断提升。

在两个月的培训期间，并未隔断我和家长们、孩子们的联系。由于白天的培训课程安排紧凑，内容充实，我基本没有闲暇时间，所以每天晚上我都会抽出时间与任课老师、家长联系，了解孩子们的状态，关注孩子们的需求，必要时进行及时的指导或电话谈心。对孩子们的思念与日俱增，相隔两地，牵挂也唯有化作一封封叮咛的书信。

参加此次培训，除了工作上的事情外，更重要的是我的终身大事。我最初的决定并不能得到未婚妻的完全理解，毕竟婚期将至，需要筹备的事情太多太多。时至今日，我都无法问心无愧地说："我的选择，对于亲人来说是公平的。"自古忠孝两难全，选择忠于事业，家人必然有所付出。在培训期间，我每一天的成长、见闻，都会与家人进行分享，久而久之，看到我的投入与成长，家人们也渐渐理解了我的选择，并支持我奋勇拼搏。但是，婚礼准备的重担基本压在了父母和未婚妻的身上。培训期间，每当休息时，我都会第一时间乘火车回家，利用短暂的时间，陪家人一起筹备我的婚礼，或许这样多少能减轻我心中的内疚感吧。

我很感谢区里和我一起参加培训的前辈们，作为过来人的她们，学习之余，关于我的婚礼也帮忙谋划了不少内容。深刻记得，临近结婚，我连选西装的时间都没有，是一起参加培训的小伙伴们挤出课下时间，在石家庄的商城帮我选了一身新郎装，这也是婚礼上我为自己准备的唯一一样东西。

培训结束归来，学校临近期末测试，我第一时间又投入到学校的教学工作和实践之中。最终，我的整场婚礼，从邢台到承德，从结婚到回门，仅仅用了七天时间。

我对家人所欠下的陪伴，化作了两个月的培训者研修之旅中一个个典型的案例，一点点动人的细节，一丝丝真诚的感受，一句句发自肺腑的感慨，一脉脉真挚的情谊，一个个智慧的策略，一次次冷静的思索，一页页坦诚的交流，一场场思想的碰撞。正是这段平淡却不平凡的研学之旅，在渐渐地拓宽着我的视野，提升着我的素养，更新着我的教育理念，浸润着我的教学艺术。从大语文背景下的整本书阅读到绘本解读，从诗词吟诵到每日晨诵，从三步教研法到"世界咖啡"，从语文综合实践活动到课题研究，从班主任的工作智慧到阶梯教案设计……在返岗实践中，都潜移默化地融入我的教学、教研工作之中，促使我在学习中反思，在研修中提升，在实践中成长。

如今，国培研学之旅已然结束，却也给我留下了些许思考。

作为一名青年教师，在不断地学习中使我深深地体会到，一名教师的文化底蕴、教育追求、教育智慧的高低，决定了他是否能担负我们这个时代的教师使命。一名教师要想真正地成为学生成长的引领者，成为学生潜能的唤醒者，必须树立终身学习的观念。庄子有云："吾生也有涯，而知也无涯。"这句话也正诠释了终身学习的深刻内涵。

我知道，教师不是伟人，不能像伟人一样成为偶像，受人景仰；教师不是英雄，不能像英雄一样树立丰碑，流芳千古。相比之下，教师所做的一切，是那么普通，那么平凡，那么琐碎，甚至在生活中的某些关键节点上，是那么难以取舍！教师的工作会辛苦会劳累，但却非常充实。几分酸涩，几分欣慰，几许感叹。在不断探索的历程中，在不断学习的路途上，我和我可爱的学生在一起成长！既然选择了，就要对得起这份责任，只因这是我的事业，只因我是一名人民教师。

以爱育爱，为梦启程！彼岸，幸福花开……

作者简介

武帅，邢台市育才小学青年教师。以养成教育为主要研究方向，以兴趣培养为基点，以幽默风趣为手段打造"帅帅课堂"。从教五年来，好学上进，勤恳钻研。执教《习作：续写故事》在"一师一名课，一课一名师"活动中被评为省级"优课"；教学设计《夏夜多美》一课在河北省教师教育学会第六届中小学教师教学设计大赛中荣获二等奖，多次在省市区级教学评比中荣获奖项。荣获"邢台市向上向善好青年"、邢台市优秀"动感中队"辅导员、区十佳少先队辅导员、区第四届"教坛新秀"，被评为区级"优秀教师""优秀班主任"。撰写课例研究报告《当绘本与习作相遇 破解绘本写作密码》发表于《教育实践与研究》，专著论文《立足核心素养，重构语文课程》发表于河北师范大学教师教育管理云平台，《课堂观察实践，阶梯教案分享》发表于河北师范大学金色种子网；承担国家级"十二五"课题1项，市级和区级"十三五"课题各1项。

第二章

明辨·笃行

明辨之，笃行之。这是《礼记》中对学习的系统论证，形成清晰的判断力，用辩证的思想指导实践。辨真伪，分良莠，汲精华，去糟粕。知行合一，止于至善。

有这样一群教育人，带有一双隐形的翅膀，在星星点灯的夜晚，从这里开始蜕变……他们把特别的爱给了特别的孩子，在与孩子的"较量"中，因势利导，静待花开，把永不消失的幸福波传给每一个"爬行的小蜗牛"，在自己的教育梦中，遇见更好的自己。

成长的味道

【文章导读】

每个人都会遇到困难和挫折：学业的压力，感情的迷茫，生活的窘迫，工作的失意。挺过来的人生就会豁然开朗，挺不过来的，就会面临妥协。不同的结果取决于我们面对它的态度。

辞 职 信

尊敬的园长：

您好！

首先很感谢这几年以来您对我工作的关心、支持和肯定。这个大家庭给予了我很多温暖和友谊，让我万分不舍。但是今天，我还是要给您递交这封辞职信，因为我越来越找不到自己的位置，在工作中感到很迷茫。部分家长的不理解和不信任就像扎在我心底的两把刀，让我身心疲惫，不知怎样才能更好地跟家长沟通。这个职业现在留给我的更多的是委屈和懦弱。为了让自己保留一份对这个职业的美好幻想，我想暂时离开这个职业，希望领导能够同意我诚恳的请求。

此致

敬礼！

辞职人：XXX

这是我一位好搭档今年递交的辞职信，还记得当初看到这封辞职信时，我的眼泪潸然而下，既是对好友的不舍，也是对信中内容的感触。她的苦，她的委屈，我又何曾没有经历过。入行八年，与不下百十个家庭接触过，其中有感动，有友爱，也受过伤害，受过委屈，而让人记忆深刻的却又总是那些给我们"重击"的伤害。

过完年开学不久，大家都在忙碌地接送幼儿，因为班里只有乐乐一个小朋友没有交纳这学期的保育费，所以在看见乐乐奶奶来接乐乐时，我便提醒家长一下："乐乐奶奶，回去麻烦告诉孩子爸爸，请他明天务必给孩子把保育费交了。班里就剩咱没交了！"当我说完后，乐乐奶奶立刻就变了脸色，皱着眉头嘟囔道："催催催，就知道要钱，都掉钱眼儿里了。"我一听这，顿时有些恼火，反驳道："孩子上学就该交学费啊，你们不交，我们的工作无法完成，希望你配合我们的工作！"话音刚落，只见乐乐奶奶指着我，嘴里说道："我就不给你们交，你们还能不让我孩子上学？不让孩子上学我去告你们……"边说边骂，夹杂着一些难听的、不堪入耳的话。面对我和同事的再三劝阻，老太太似乎与我们不在一个频道上，听不见我们的声音，只是不断重复着她的谩骂。在众多家长的围观下，我的眼泪也是止不住地流下来，这种无奈的感觉就好像陷入了沼泽地，羞愧、丢人这些词都恰当地形容了我当时的心情。而园长的到来，更是让我感到委屈，无地自容。

园长却是很平静地告诉老人："我是她们的领导，有事找我来说！"又很严肃地对我们说道："你们三个回班，把其他孩子安全地交给家长！"我怀着委屈、忐忑、恐惧的心情回到教室做完工作，在等待园长的处理情况这段时间，无数的想法飞过脑中，"我不干了，我要辞职，我为什么要受她的气！""要告就去告吧，我又没做错什么！""那么多家长都看见我被骂了，会不会觉得是我的错，以后怎么跟家长见面？""园长会不会觉得我能力差，对我印象会不会变得很差？"……委屈消极的负面情绪充斥着全身。将近一个小时的等待，终于等到了园长的出现。从园长那里我也知道了事情的原委。原来在过年期间，乐乐妈妈去房顶扫雪的时候不小心从屋顶掉了下来，现在还在医院重症监护室住着，已经花了十多万了，这对于一个普普通通的甚至有些贫困的农村家庭来说，真的可以用灭顶之灾来形容。而在开学后我们在不知道这个事情的情况下，多次催促乐乐家长交纳孩子的保育费。可能就是我们的这个举动成了压垮这个家庭的最后一根稻草，才会发生前面的事情。虽然知道了事情的原委，心里还是会觉得很委屈，很伤心，毕竟这个情况我并不知道，而催促家长交费又是我的工作职责，家长的这番举动，给我造成的负面影响已经形成。虽然心里很不甘心，很憋屈，但是我和班里的两个搭档还是决定采用主动出击，主动沟通的方式来解决这次事件。我联系到乐乐爸爸，首先向乐乐爸爸表达了对乐乐奶奶的问候以及歉意，向他传递了幼儿园可以协助给乐乐申请教育资助的信息，同时告诉了他我们催交费用是我们的职责，希望他可以理解配合我们的工作。隔天，乐乐爸爸亲自来园道歉，也让这件事得到了一个比较满意的解决。

因为我工作在农村，面对的家长更多是一些爷爷奶奶还有家庭主妇，这类家长总的来说，遇到问题或者矛盾时，会欠缺一些理智，缺乏一些沟通，他们惯性地会采用一些更直接、更随性的方法来解决，比如吵一架、骂一通，甚至闹一场来解决。而在这个过程中，受委屈，被误会是避免不了的。如何与这类家长打交道也成了我工作中的一门必修课！八年来，通过不断地"斗争"与"感化"，我也有了一套自己的方法——"多种关系齐相处"。一般来说，我们在家长面前扮演的就是教师的角色，而这个角色在处理很多特殊事件中就会略显单薄，需要一些"特殊"角色来辅助。比如对于孩子们的爷爷奶奶们，每天早上接孩子入园我都会说一句"姨，今天又辛苦您送孩子了！""叔叔，今天可送晚了啊，明天早点儿啊！""小泽奶奶，今天这件衣服可真衬你，真精神啊！"……对于孩子们的妈妈们，我则是多与她们说一些孩子的情况，不管是进步的还是犯错误了，每天把孩子的情况给妈妈们反映一些，让妈妈们与我有话聊，每天向她们传递一个育儿小知识，提升自己在家长心中的专业地位，也增加家长正确的育儿知识。"教师""朋友""亲人"等角色帮我拉进与家长的关系，让家长信任自己。这个办法虽然平时会忙一些累一些，但是大大减少了"特殊事件"的发生。

困难是欺软怕硬的，你越畏惧它，它越威吓你，你越不将它放在眼里，它越对你表示恭顺。工作中生活中，时常会出现这样那样的磨难和困境，我不知以后的工作道路上还会有什么样的磨难，但我会尝试用不同的方法战胜它，守住自己对这份职业的热爱与坚持。

作者简介

　　刘杰，现工作于邢台市信都区李村学区中心幼儿园，因工作态度积极，业务能力突出，2018年被提拔为李村学区中心幼儿园教学主任。2014年参与设计的《运石头的小青蛙》在邢台市幼儿园活动方案创编评选中获一等奖，同时荣获河北省幼儿园户外体育游戏活动创编一等奖，语言课《蚂蚁和西瓜》获得邢台市语言领域展评活动三等奖。在"国培计划（2015）"——河北省乡村中小学、幼儿园教师培训团队置换脱产研修项目课例展示大赛、征文评比中多次获奖，被评为优秀"影子"学员。

"第一次"的故事

【文章导读】

第一次踏进幼儿园的大门，第一次给小朋友讲故事，第一次与他们一起游戏，第一次与家长沟通……很多个第一次铺展开自己的教学生涯，而第一次可能有泪，也可能有笑，无论怎样，它们终将会积累成为我们每一次向上的阶梯和回望过去的资本，而在这个过程中，我们是否又有着共同的心路历程和感悟呢?

人的一生会遇到很多很多个第一次，每个第一次都是非常宝贵而难忘的，因为它们意味着我们的成长。就像作家汪曾祺所说的："人的第一次往往需要勇气，但是第一次也往往会有意想不到的收获，因为它是探索，是挑战，是机遇，是升华。"每个人都在用无数个"第一次"经历着自己的人生，而我也在用每一个"第一次"经历着我的幼师之路……

第一次，焦虑而后的幸福感

还记得初为幼师的最深感触——焦虑。2011年毕业的我，并无缘直接从事幼儿园工作，而是被选聘成为河北省大学生村官，直至2013年我终于回归了自己盼望已久的专业工作，成为一名幼儿教师。而兴奋的同时，是莫名的焦虑，甚至恐慌。因为自知没有实践积累，没有工作经验，不知道和孩子们怎么玩，甚至觉得不太会和他们交流，我不知道该怎么面对哭闹又有可能出现千万种状况的各种幼儿。

当时是幼儿园招生的第一年，我被安排在小班帮忙，时光定格住一群哭成一团的孩子和一个手足无措的我。

"我……我要……找……妈妈……你……见到……我妈妈……了吗？"刚一进班门口，一个满脸泪水的小女孩就试探性地走到我身边，抽泣着，仰着头问我，我从一片混乱的尖叫、哭闹声中仔细分辨着她本就不清晰又哽咽的声音，紧接着便又是一阵哇哇的哭声。

"额……你妈妈一会儿就来，别哭了好不好？"我蹲下来，拉住她的手，随口说了一句，只记得脸上没有任何表情，如果可以看出来，那一定是那种慌乱的焦虑。我看了一眼她身上的名字说："那我就叫你彤彤吧，好吗？"我感觉我的声音被淹没了，也不确定她是不是听到了，仍依旧是哭。

这一片的哭声足以让我揪心，感觉心里被什么东西紧紧地抓着，担心混杂着不知所措，大脑也嗡嗡的高度紧张。

她满含泪水地盯着我，像是在向我求助，我拉她到一把小椅子旁边："来，我们坐下来休息一下吧？"本想扶她坐下，她硬挺了一卜身子，有些反抗，开始大声哭喊："我要找妈妈，我要找妈妈……"说着，突然向门口跑去，踮脚使劲儿转动着门把手。我赶紧追过去，把她抱起来，擦了擦她的眼泪。

"彤彤，我们不能跑出去，老师会找不到你的，老师抱着你好不好？"说完，她哭着搂紧我的脖子，可以感觉到那小小的抽泣的身体在快速起伏。

可能她哭得有些难受，突然一下子吐到了我的身上，我赶紧放她下来，紧张地摸摸她的额头，又请其他的老师看了看，确定没事。"彤彤，你看老师的衣服脏了，得去换一下，很快就回来，你等一会儿啊。"她可能对这个意外的发生也有点儿不好意思，点了点头，哭声也弱了下来。

等我再回来，她立马就跑过来搂住我说："老师，你再抱抱我吧。"我再次把她抱在怀里。带着几个情绪不太稳定的小朋友，学着其他老师的样子，和他们一起玩玩具、看图书……

彤彤的情绪渐好："老师，我也不想哭，我就是忍不住，你抱抱我，我就不哭了。"

我突然意识到，原来一个爱的拥抱便是对孩子最好的抚慰，他们只是想寻找一个能给自己安全感的怀抱，刚和父母分离的他们可能一时控制不了自己的情绪，但作为老师，一定不能乱了阵脚，焦虑的情绪只能成为沟通的阻碍，我们需要做的就是用平静的心去全心感受他们的情绪，完全地接受他们，成为他们的信赖，成为他们离开父母后另一个温暖的港湾。

接下来的几天，我平复了心情，顺其自然，哭是分离情绪的正常表达，而我尽可能把我的拥抱给予他们，尝试着聊聊他们喜爱的小动物、爱看的动画片、最爱的玩具、带他们做一些简单的小游戏……

而彤彤也渐渐适应了幼儿园的生活，只是睡觉的时候非要我在她身边，才能安心入睡，也让我初尝了被孩子依赖的幸福感，原来如此温暖。

第一次，被家长认可的满足感

孩子们对我的喜爱让我的幸福感从未缺失并日益增长着，而孩子们给我的幸福感也督促着我努力，再努力一点儿。2015年我担任班主任，这又是一次新的历练。开家长会、与家长沟通协调、计划安排班级事务、组织开放日活动……每一件事我都认真对待。

当时有一个叫傅瀚玉的小男孩儿，特别胆小，不敢和其他小朋友玩，不敢和老师说话、寻求帮助，小便憋不住坐在椅子上就尿了。我向宝宝妈妈反映了他在幼儿园的情况，没想到她向我倾诉了一堆她的担忧，说孩子太内向，带着出去玩的时候也不敢和别的小朋友融入，过于依赖家长。

"没关系，宝宝现在刚进入幼儿园阶段，相当于进入一个小小的社会，他的社交才刚刚开始，有些孩子会是这样，表现得比较胆小一点儿，不过我们以后一起沟通配合，孩子一定会有所变化。"我这样安慰着家长并达成一致。

改变从早上问好开始，我坚持主动问好并没有得到他的大胆回应。

一天入园早饭后，我在全班小朋友的面前表扬了他。

"又到了老师的表扬时间啦，今天我要表扬一个小朋友，他就是傅瀚玉，傅瀚玉小朋友最近来幼儿园都没有哭，吃饭吃得很干净，不挑食，坐小椅子坐得也很端正，我们把棒棒的大拇指送给他！"

当全班小朋友都把大拇指伸向他，他看着我，有点儿不好意思地微微一笑。

而后，我又找机会走到他面前，蹲下来拉着他的手，他有点儿怯怯地向后缩了一下。

"傅瀚玉小朋友，你在幼儿园的表现非常好，老师很喜欢你，可是老师发现，有时候你会不小心把裤子尿湿，如果老师没有及时发现，那穿着多难受啊，以后想小便就赶快自己去，不用告诉老师，知道吗？这样就更棒了。"

他耸了下肩膀，点了点头。

一会儿，活动的间隙，我放了一段动画，依次帮孩子们整理着衣服，余光看到一个小小的身影站起来，似乎向盥洗室走去，我看向他，是傅瀚玉，他也正看着我，目光恰巧与我相迎，停住了脚步。我向他笑着点点头，并伸出一个大拇指，他便又大胆迈开了脚步。

而后的几天他便再没尿过裤子，一次晚上离园时，我又当着他妈妈的面表扬了他，和家长约定都对他给予及时的表扬和鼓励，引导、帮助他和其他小朋友一起玩游戏。

渐渐地，一次和小伙伴游戏时的交流，一次向老师的主动求助，一次举手回答问题，一次集体活动中的上前操作互动……有了每个第一次，这样的一次次便多了起来。

突然一天早上，还没等我开口向他说早上好，他便伸出手向我打招呼："刘老师，早上好！"虽然好像还不好意思地撇了下嘴。我赶紧蹲下身，又给了他一个拥抱，高兴地热泪盈眶。

他的妈妈也欣喜于这样的变化，一次谈起时，竟激动地抓着我的手，甚至有些颤抖，和我兴奋地谈论着孩子令她欣喜的意想不到的改变，回家后话也多了，跟她聊幼儿园里和老师和小伙伴们发生的快乐的事情，大胆了，也自信了。

而当时我内心的快乐和喜悦，更是别人无法体会的，我想，作为一名幼儿园老师，没有什么比让孩子喜欢、被家长认可更开心的事情了。

中班以后，由于幼儿园工作安排，我不再担任他们的班主任，很多家长见到我，还是会向我聊聊孩子的近况，对于遇到的教育方面的问题询问我的意见，而我也会尽我所能去给予帮助。

今年年初，幼儿园成立"金喇叭广播站"，傅瀚玉小朋友竟主动报名参加，小广播员试播的时候，看着他淡定的样子，一字一句大声播报的情形，竟让我的心里激动不已。

每个孩子都是一个天使，有着不可想象的能量，时不时会带给你惊喜，我要尽量拂去他们眼前的遮挡，给他们鼓励和爱的力量，让他们发现自己的美丽，在人们的掌声中灿烂地飞翔。孩子们的成长会擦掉我的一切疲惫，家长们的感谢和认可也足以让我品尝满足，当然也是我前进途中的莫大力量。

第一次，小小的成就感

教育的真正意义是什么？我想这是所有教育者都在思考的问题。教育的重点是"教"吗？为什么孩子们平时一首儿歌或一曲音乐听多了，便会自己哼唱，而且音乐情感的表达都有模有样，为什么孩子们会为一个玩偶的损坏、一个小动物的受伤而为它们伤心不已，这不正是因为他们有真实的情感感受，有强大的自我学习能力吗？而我们并没有去"教"他们呀。所以我想，教育的重点应该是"育"了吧，"育"孩子对生活的感受，"育"孩子对情感的表达。就像音乐活动中，不是由我来告诉孩子某个音乐是什么情感，歌曲应该怎么唱，应该用哪种乐器来演奏，而是去引导他们，让幼儿自己用心去聆听、去感受，进而去发现、去探索、去尝试，多给他们自主选择的机会，也许我们会看到他们的一场惊艳的音乐演出呢。

我以"孩子在听，我在讲"的姿态站在教育的起点，但我绝不会，也不可能要用这样的姿态走向更高的阶梯。

一次以音乐为主题的公开课活动，我反复思索着《纲要》传达给我们的"充分让儿童在情感上去感受、去体验"的理念，并参考了一些音乐活动的教学课例，我准备尝试着去进行一次音乐活动，一节想真正让孩子去做主、去感受的音乐活动——"毛毛虫的故事"。

我开始仔细考虑活动的每一个环节，首先让孩子自己去想办法了解毛毛虫的成长变化过程，这样才有生活经验的准备。那活动中又该如何去引导？该提一些什么问题才是有效提问？如何与下一个环节衔接？怎样把毛毛虫的阶段变化和音乐情感衔接起来？这些都要反复揣摩，事先写好的教案也经过一遍一遍地修改。

终于，活动展示开始了。

"小朋友们，你们看这是什么？你们知道毛毛虫是怎么爬的吗？快还是慢？"

"那它会变成什么呢？"

"咦，变蝴蝶之前又在干什么呢？"

"你们说得非常好，毛毛虫先是爬呀爬，长大了，然后吐丝结茧，在经过几天，就会破茧而出变成美丽的蝴蝶啦！"

"那你们觉得毛毛虫变成蝴蝶飞呀飞的心情是什么样子的呢？"

"那我们来听一首讲毛毛的故事的音乐，仔细听一听音乐有什么变化，你觉得毛毛虫在干什么？"

"我觉得现在毛毛虫在爬，因为这个地方的音乐慢慢的。"

"我觉得它现在开始吐丝了，因为这个音乐变了。"

"变怎样了？是安静的还是热闹的？"

"安静的，所以我觉得它在吐丝了，做房子，在里面睡觉。"

音乐又变了，变得欢快起来，所有的小朋友都拍起手来，说："变蝴蝶啦，变蝴蝶啦！"有的还用小手学蝴蝶飞的样子。

"为什么你们觉得它变蝴蝶了？"

"因为音乐变快了，它非常高兴。"

我欣喜于孩子们对音乐的感受与正确表达，没错，他们就是天才，教育只是需要我们的一个引导、帮助。

之后，我又尝试着让孩子们听了我准备的几样乐器的音色，让孩子们根据他们的感受把乐器分配到恰当的音乐阶段来进行演奏，随后又创编合适的动作来进行表现。整个活动他们都尽情投入其中，孩子们的表现让我惊喜不断。

一次偶然的机会，我把这次的录像课投到征课平台，竟意外地获得了省级的奖项。

艺术的教育也本该如此吧，既然关于美，那么我们就永远不要剥夺孩子感受美的权力，让他充分去听、去看、去感受，相信他，只要他真正感受到了，那么无论他怎么表达，就都是对的。

虽然现在的我还称不上一名优秀的、有经验的幼儿教师，但我始终相信，当你真正去爱一项事业，并为之奋斗，时光总不会辜负每一个努力的人，而我也希望我的成长能真正为孩子们带去些什么。

第一次的故事还在续写

在幼儿教师这条道路上，我已经走过了五年，以后还会有很多个五年，从最初的焦虑慌乱到如今的淡然自若，从最初的迟疑踌躇到如今的坚定满足，从初出茅庐到如今慢慢积累成长，第一次品尝幸福，第一次感受满足，第一次收获成果……每个"第一次"都需要用责任、努力、智慧去孕育，我相信每一次幸福与满足的积淀，都会化为更强的动力，助力我更快地成长，而成长本就是一种幸福和满足。第一次的故事还在续写，我也将继续踏着这样的"第一次"坚定向前……

作者简介

　　刘彦青，邢台市信都区群星幼儿园教师，倾向于幼儿园教学实践研究，教学活动中注重启发幼儿的自主思考与激发幼儿的主动参与，充分发挥幼儿在活动中的主体地位，让孩子们的想法与表现在活动中充分发挥，追求自然亲切，娓娓道来，时而又幽默风趣，教学活动风格新奇百出。《毛毛虫的故事》《公共汽车上》等课例多次荣获省市区级优质课评比奖项，《浅议幼儿美术活动评价的问题及实施有效平价的策略》获得"中国梦·全国优秀教育教学论文评选"一等奖，并刊登在《学校教育研究》杂志，参与的省级课题"幼儿园园本特色课程的开发研究"已经结题。

折出一双隐形的翅膀

【文章导读】

一纸一世界，纸能用来干什么？在我们大人手里，或许只能拿来写字、画画，而在孩子的眼里却有无限大的可能，可以变成纸飞机，可以变成小船……折纸是一种"寓教于乐"的智力游戏，深受孩子们的喜爱，因此，我结合孩子的兴趣开展了一系列折纸活动，使孩子的动手能力、想象力等方面得到了一定的发展。

"四大天王"爱上了折纸

户外音乐一响，孩子们犹如出笼的鸟儿，争先恐后地跑向操场。在这些孩子中，当属我们班的"四大天王"（四个调皮的小男孩）最为勇猛了，每次他们都以最快的速度跑出教室，以最慢的脚步回到教室。

可接下来的一段时间，我发现他们不再像从前那样争抢着往外跑了，即使到了户外，一溜烟儿的工夫也就找不到了。一天，孩子们都在排队玩滑梯，却不见他们四个人的影子，他们平常可是最喜欢玩滑梯了，上了滑梯拽都不肯下来的。今天这是怎么了？起初我猜想，以他们几个顽皮的性格，肯定躲到某个角落玩了。可我在操场上找了一圈，也没找到他们。最后找到活动室，发现他们在里面低着头，手里不停摆弄着什么。我悄悄地进去，想看看他们究竟在搞什么"破坏"。走近一看，原来他们正在折东西。看到我进来，他们大吃一惊，赶紧收拾。本来很生气的我却被他们慌乱的表情逗乐了。原来天不怕地不怕的"四大天王"也有害怕的时候！我问他们为什么不出去活动，天天说："老师，我在折飞机，它还能飞呢，可好玩了。"豆豆说："老师，我在折钱包，可以装东西。"……

接下来我发现越来越多的孩子喜欢待在教室里，越来越多的孩子玩起了折纸，晨检玩，课间玩，连上厕所、喝水都在玩，更有的孩子上课还偷偷地折两下，折纸的魔力竟如此之大，让孩子们达到了如痴如醉的地步！

为了深入了解孩子们内心的真实想法，我对班里的30个孩子进行了调查并记录。结果显示：30%的孩子喜欢折纸，并且能折简单的作品；50%的孩子对折纸活动感兴趣，但是不会折；20%的孩子处于旁观状态。

《纲要》中提出："幼儿园教育活动内容应贴近幼儿的生活来选择幼儿感兴趣的事物和问题。"兴趣是幼儿学习的原动力，幼儿只有有了兴趣，才能产生主动学习、主动探究的意愿。而折纸活动是学前儿童美术教育中手工教育的内容之一，是学前美术教育不可缺少的组成部分。它是一种动手动脑、手脑协调配合的创作活动，也是开发幼儿智力的有益活动。结合本班幼儿对折纸活动的热爱，因此，我决定开展以"折纸"为主的手工活动。

折纸的一波三折

面对多动症问题。一次折纸活动中，孩子们学习用挤压的方式将正方形折纸变成双三角形。为了孩子们更好地看清步骤，我特意将示范的纸换成了平日用纸大小的三倍。孩子们都在专心致志地练习，可阳阳小朋友却东张西望，坐立不安。眼看着小朋友都折好了，他还停留在"原地"。我走过去，帮他折好。之后接着讲解：把折纸沿着"米"字折痕，进行挤压变成双三角形。这是关键的一步，我反复地示范，孩子们认真地练习，没有一个人说话。这时，只听阳阳喊道："老师，老师，我不会。"我走到他面前一看，折纸早已不成样子。我重新给他发了折纸，面对面地示范，手把手地教。可是，我在他跟前他乱折，不在他跟前就去给别人捣乱。一节课下来，孩子们差不多都折成了，唯有他状况百出，最终也没做成，还把同桌小朋友的折纸弄坏了，我气极了，狠狠地批评他。接下来，他情绪低落，到离园时，还闷闷不乐。看到他这个样子，我有些后悔，心想不该当着众多孩子的面训斥他，伤害了他的自尊心。于是下班后我给阳阳家长打电话，希望家长能安抚一下。从家长反馈的信息我了解到阳阳日常动手能力就很差，并且还有轻微的"多动症"。我心里难过起来，怪不得他老是坐不住呢，对他课堂上的种种表现我也理解了。

第二天一大早，我站在门口迎接阳阳，并主动向他道歉。阳阳不安的小脸露出了笑容，我也如释重负，轻松了许多。通过这件事，我深深地认识到孩子们在发展水平、动手能力等方面的差异。这就要求我们老师在活动中应该做一个敏锐的观察者，及时关注幼儿的表现和反应，敏感地察觉他们的需要，给予适时的帮助。在接下来的教学中，我都会特别关注阳阳，折纸中的每一步操作，我都会问他是否看明白。遇到困难时，我会多一些耐心给他讲解，加入一些趣味性的指导语，比如双三角形的折法，我会说："一块大蛋糕，你一口，我一口，变成一块小蛋糕。"鼓励他多动手，做得好的地方加以表扬。在我的努力下，现在的阳阳爱上了折纸活动，上课也很认真，动手能力也有了很大的提高，"多动症"也有所缓解。

面对折不成现象。活动中我采用了"看图示自学折叠"的方法，大胆放手，让孩子们自主探索、创新。经过一段时间的练习，幼儿已具有看图谱折纸的能力，每次上折纸课，当我刚出示图谱时，幼儿便跃跃欲试。记得我在"风车"一课中，考虑到已折过同系列的作品，便对孩子们说："勇敢地试一试看谁能成功？"前五步进展很好，但到第六步压折的时候，出现了问题，不是折偏了，就是折多了。只听到幼儿喊道："老师，这个怎么折？""老师，这一步我不会。""老师，我做不成。"……我穿梭在幼儿之间，一会儿帮这个，一会儿教那个。一节课下来，感受最多的就是累，真恨不得自己有三头六臂。我有些沮丧，本来信心满满，却换来惨败收场。我如同霜打的茄子般，想着这么费劲儿，干脆放弃吧。

接下来一连好几天，我都没有开展折纸活动。可孩子们却时不时地问我："老师，我们什么时候上折纸课呀？""老师，我们想玩折纸。"正当我一筹莫展，不知所措的时候，岩岩小朋友拿着一朵用折纸做好的花要送给我，说是乐乐小朋友教的，还说到班里好几个小朋友都会做。于是，我想到了一个办法，就是"利用"幼儿资源，让理解能力、动手能力强的孩子来当"小老师"，帮助不会折的小朋友。于是我将幼儿分组，每组安排一个能力强的幼儿，让他们来教自己组不会折的小朋友。他们领到老师的任务之后，会很乐意地去教授其他不会的幼儿。开始"小老师"会按照步骤图讲解，再按步骤折叠。不会的幼儿有了学习兴趣之后，也会主动地请教"小老师"，"小老师"也会有模有样地把折法告诉他们。一节课下来，我轻松了不少。通过这次活动，也让我明白了幼儿间相互学习和交流的重要性，孩子们通过交流可以对原有的经验进行综合、丰富和充实，其他小朋友的不同看法和解决问题的不同方式能促进幼儿不断思考，完善自己的想法与构建新观点。因此，在日后教学中，我鼓励幼儿相互交流，当他们遇到问题时，先让"小老师"解决或者几个人相互讨论，尽可能多地提供幼儿交流的机会，充分给予幼儿交流的时间。

解决"小懒虫"事件。正当我暗自得意的时候，渐渐地发现有幼儿偷懒的现象，直接让"小老师"帮着折好，自己却不动手。真是一波三折。于是，我和小朋友商量举行"折纸比赛"，评出我们班的折纸小能手。比赛采取现在流行的"PK"形式，第一轮比赛中，每天将会有5位小朋友进行比赛，在规定的时间里，看谁折的作品最多，最漂亮，胜出的进入下一轮比赛。这下，孩子们的折纸热情又一次被激发出来，再也不偷懒了，一到自由时间，他们就三五成群折起来。第二轮比赛，我增加了难度，看谁记得快。规则是：先请他们看我折一件作品，我折的时候不作讲解，只是让他们仔细看。等我折完后，让他们把刚才看到的折出来。既有记忆力的挑战，又有折纸能力的挑战，最终看谁折得又快又好，胜出的就是折纸小能手，并颁发奖状。在一次次的"PK"中，他们折纸的本领越来越熟练，小手也变得越来越灵巧……

折纸成为班级特色课程

孩子们除了在幼儿园学习折纸外，还在家学习。每每有了新的花样就到班级共享。现在经常有孩子到我面前"炫耀"："老师，你看我折的小桌子。""老师，你看我折的小爱心。"……渐渐的，我们班级的各种纸张越来越少，各种折纸作品却越来越多。我发动孩子们把这些作品布置在班级的环境中。孩子们看着自己的作品得到了张贴、悬挂，高兴得手舞足蹈。每当家长来接时，孩子们都会把家长拽进班级，指着自己的作品，向家长炫耀。家长们也止不住地赞叹。望着五彩缤纷的作品，家长和孩子们开心的笑容，我无比的自豪，成就感油然而生。一张纸在我们看来微不足道，而在孩子的眼里，它就像一样宝贝，让他们爱不释手，折纸给孩子们带来了无限快乐，也给他们增添了几分自信。

现在的折纸活动已开展得有条不紊，折纸活动也成为我们的班级特色。在今后的教育工作中，我将不断尝试和实践，更科学合理安排幼儿的手工活动，让幼儿变得心灵手巧，获得更好的发展。

有一首歌叫作《隐形的翅膀》，在工作和生活中我们总要遇到许多的困难，我们每个人也都有一双隐形的翅膀带着我们飞，走出困境。只要坚持就能胜利，就能收获梦想的果实。而我的折纸课正是那双隐形的翅膀，带孩子飞，给孩子希望。

作者简介

张小瑞，女，邢台市信都区东户学区幼儿教师，园级骨干教师，从事幼儿园教育教学工作11年。教学风格童真童趣，亲切自然。曾荣获国培计划研修项目课例展示二等奖、国培计划研修项目"影子"征文二等奖、区第三届教坛新秀、东户学区年度三等功等荣誉。

蜕变，从这里开始

【文章导读】

青年成长训练营汇集了三十名青年教师，这里"营·生活"多姿多彩。营员们经历了演讲、说课、心理团辅、师徒结对共研课等多种形式的历练，世界咖啡、电影赏析、户外拓展等新颖多样的培训形式，极大地调动了青年教师的学习和工作热情。创新实用、形式多彩的系列教师培训活动，让青年教师的"营·收获"满满，一批批青年教师如雨后春笋，茁壮成长，务真求实和与时俱进在他们身上并存。理想与拼搏是蜕变的开始，坚持住了，就成了破茧成蝶的佳话。青训营的青年教师们在成长中蜕变，华丽绽放。

教师的专业能力直接影响学生发展，21世纪的教育面临着无法预测的全球挑战，在对教育的内容、方法产生挑战的同时，也会对教育的主体——教师，对忽视教师个体需求的传统教育培训模式提出尖锐挑战。学生需要个性化的教学，前提当然是教师拥有个性化教学的能力，那么对教师的培训又岂能不针对教师个性化的成长需求而展开呢？其中青年教师培训是提升教师专业发展的有效途径，也是促进教师终身学习的必然要求。面对未来教育的挑战，2017年暑期，金华实验小学教师青年成长训练营悄然成立。

青年成长训练营汇集了三十名青年教师，这里"营·生活"多姿多彩。营员们经历了演讲、说课、心理团辅、师徒结对共研课等多种形式的历练，世界咖啡、电影赏析、户外拓展等新颖多样的培训形式，极大地调动了我们青年教师的学习和工作热情。作为活动的主策划者与组织者，我回首望去，多少次楼上楼下找青年教师调研，不眠之夜勤力策划、沟通时间、协调场地、活动主持、会后总结、信息审核……有辛苦，更有感动满满、欣喜无限——金华小学青年教师成长训练营活动使一批青年教师如雨后春笋，茁壮成长。

"营 · 生活" 一瞬

早春三月，阳光灿烂，万物勃生。在漫天飘飞的柳絮中，金华小学迎来了青年教师成长训练营第六次活动——"春日载阳，初心伴行"。不忘初心，方得始终。教师，何尝不该如此呢？初为人师的兴奋、憧憬、新鲜、美好，会在每一位教师记忆的深处留存。随意走访几位教师，都会对自己初登讲坛的教育生活记忆犹新。活动开始我分享了励志电影《叫我第一名》，并首先分享了自己对这部影片的理解，没有哪个孩子真正的讨厌学习，只是孩子们讨厌某一种教学方式！作为教师只有不忘初心，不放弃每一个孩子，平等对待每一个孩子，才能留给孩子一生的财富！李娟校长分享了自己的感触，向老师推荐了十大优秀教师影片，强调教师除了知识的传授，更多的是做"心"的教育，"坚持，不放弃"是成功的关键。通过这次活动各位青年教师都提高了自己的认识，革新了自己的教育理念，提升了自我！世界咖啡的形式让参与者从对个人风格、学习方式和情感智商所有这些我们惯用的方式的关注中解放出来，使人们能够用新的视角来看世界。让人们进行深度思考和分享，并产生更富有远见的洞察力。

四月缤纷初夏，盛阳当空。金华小学青年教师成长训练营第七次活动"初夏盛阳，葳蕤生光——青年教师成长课"如期开展。在课前，每位青年教师做了充分的准备，他们展示的课堂各具特色，先进的教学理念、巧妙的教学设计、新颖的教学手段、独特的个人风格、恰到好处的学生参与以及对学生的生命教育的渗透、学生热情的参与等，都是对金华"精彩教育"的倾情诠释。

孟夏之日，万物并秀。5月25日，金华实验小学组织开展了"孟夏骄阳，拓展促思——青年教师成长训练营拓展实践"。学校领导、教导处人员、青年教师与结对师徒三十余人参加了本次活动。活动开始，在教练的带领下首先进行团队建设，使成员们快速深入了解同伴，共同决策，合理分工。接下来的"极速六十秒"环节，让全体成员在共同完成一项任务的过程中，体会到协作的重要性，营造了良好的团队气氛。最具有挑战性的是下午进行的"飞拉达"岩壁攀爬活动，抬头是高耸的岩壁，低头是陡峭的山崖，让人望而却步，心生畏惧，但前面有伙伴的热情双手，后面有伙伴的声声鼓励，历经六个小时，成员们一次次互相激励，相互扶持，团队完美合作，胜利登峰。不忘初心，砥砺前行。一天的户外拓展训练活动，让金华人尽情绽放微笑，心与心连通桥梁；让金华人彻底释放欢乐，人与人凝聚力量！虽然只有短短一天的拓展训练时间，但给予青年教师的启发和经验却是一笔永久的精神财富。

6月14日，"仲夏艳阳，团辅养心——青年教师成长训练营第九期团体心理辅导活动"如火如荼地进行着。在专业心理咨询师的带领下，青年教师们分成体验组和观察组，"通过感受看他人、通过他人看自己"，在团队中觉察和改变。很多青年教师首次接触欧义·亚隆团体模式，就被欧文·亚隆团体所蕴含的巨大能量和魅力所折服。

"营·收获"一瞥

郭世琳：青训营的每一次活动形式都不相同，但主题又都一致。通过青训营的锻炼，让我能以更宽阔的视野去看待我们的教育工作，让我学到了更多提高自身素质和教育教学水平的方法和捷径。我知道了怎样去定位、思考、摸索、创新；我更知道了"爱"是教育永恒的主题，怎样更好地去爱我们的学生，怎样让我们的学生在更好的环境下健康地成长。

姜素妹：犹记得青训营的第一次说课比赛，我站在台上战战兢兢，无比紧张，但是，有了领导的鼓励和肯定，让我不再惧怕上台，克服了心中的紧张。所以，在接下来的"青年教师演讲比赛"中，由于准备也比较充分，一举拿下一等奖。一个好的团队是需要建设的，所以有了后来的玉清山之行。当看到在这次活动中，我需要做美篇时，心里忐忑不安，但是，一天的活动下来，内心感受颇多，不由自主地想写点什么，经过领导和各位同事的无私帮助，一个完美的美篇诞生了。通过这次经历，让我不再惧怕接受任务，想去迎接更多的挑战，因为我发现，无论什么事情，只要用心，就会做好！

段延明：参加青年成长训练营的一年是我在教学工作上成长最快的一年。一次说课，两次公开课，这其中的磨炼都让我印象深刻。还记得第一次青训营活动，有一个环节是说课、磨课、再说课，那次活动让我对备课和解读教材有了质的飞跃，教参就是一部真经，可以解决备课中的很多困惑，在三位大师的指导下，最后我的说课完美收官。

第一次公开课，乘法的复习课，赵岩老师莅临点评。记不清那节课到底打磨试讲了多少遍，但是付出就有回报。一年级的分类整理曾被赵岩老师批评得一无是处，现在我终于得到了她的肯定，讲完课散场后我激动地想哭。尤其感谢师父王宏老师和教研组的姐妹们，是她们的帮助才有了我的发光发亮。

第二次公开课，区里优质课比赛，分数的初步认识，很难入手，结果也不太如意。学校当时给了我莫大的帮助和支持，全体教师帮我出谋划策，师父和张丽英老师不分昼夜亲自指导。

这两次公开课都让我瞬间长大了很多，但仍需改进的地方也有很多，比如课堂积极性的带动，比如教学设计的深度不够。也希望在以后的工作中，能在领导和师父的指导下，及时补充不足让自己的教学能力更上一层楼。

孙云玲：青训营活动帮助许多青年教师打开心扉，探讨教学中的问题和难题。在教育这条道路上，有很多问题，这一个个问题犹如一个个的绊脚石阻碍我们前进的脚步。但问题是最好的试金石，问题解决的结果是我们的成长和经验的积累。虽然青训营青年教师比较多，但是不乏精英，他们对待孩子很有办法，大家互相交流之后很有共鸣，也解决了相当一部分难题。三人行，必有我师，且行且学。

去年参加青岛的说课展示，感受很深。师父、领导以及四校项目组的指导让我的说课稿从一个骨头架变得有血有肉丰富起来，这样的一个磨炼对我而言不仅是一次挑战，更多的是积蓄力量。通过这次活动，我感受到了全国各地小学教师的研究热情，看到一线教师对教育的钻研和付出，更多地看到自己与别人的差距。在教育这条路上，学习永远没有尽头！

此外，学习外的心理辅导和锻炼也丰富了我的生活。希望以后我们的活动更加丰富，更加有意义！

杨柳：从在众人面前讲话的忐忑不安到沉稳坦然，从备课前的茫然无措到有的放矢，从讲公开课的零起点到收获满载。在青训营里，不仅锻炼了自我，还提高了素质。尤其是在阶梯教室上的那节公开课，在我的成长之路上留下了浓墨重彩的一笔。虽然也曾站在台上发言、也曾在众人面前分享，可在阶梯教室上课，于我而言还是头一遭。讲课时，紧张也好，其他因素也罢，之前备好的内容，反复改过、试讲过，但来这里，教学目标的达成，教学流程的设计呈现出来的结果总不如预期。这才知没有实践的反思是狭隘的反思，只有实践才是检验真理的唯一标准。

王玉洁：这些新教师在实际工作中，更要多一份爱心与责任心，把真挚的爱融入整个班级之中，不仅要爱那些好学生，更要爱那些有缺点的学生，使每一个学生都能从教师这里得到一份爱，从而更加自爱、自尊、自强和自信。当然，作为新教师，我们也应该努力提高自身的心理健康水平。只有心理健康的教师才能培养出心理健康的学生。

赵倩：时间过得真快，很幸运的是一参加工作就加入了学校青训营，在青训营的这一年里，学习到很多，也收获了很多，感谢领导的重视，同伴的帮助，让我迅速适应教师的职业，更好地融入孩子当中去。

王立芳：青训营活动给我带来了许多的改变，其中最重要的改变是让我更加有自信心了。青训营要举办演讲比赛这个消息传入我的耳朵时，我愣了。在此之前，我从未参加过演讲比赛，也从未在许多老师面前展示自己。"演讲比赛不会变成我的丢脸事件吧？"我担心地想着。也正是在这种压力之下，我花了三个多小时，准备了一千字的初稿，又请求王瑞雪老师帮助改稿，成稿后，我一有时间就在办公室和家中练习。但是，在上台演讲之前，我还是会问自己可以吗，会失败吗？完成演讲后，我深深吸了口气，等待结果。但令我意外的是，我竟然拿到了一等奖，这让我喜出望外。

原来，我并不是自认为的那样普通，通过自己的努力与奋斗也会绽放属于自己的光芒。我的自信心得到极大的提升，也敢于去表现自己了。学校演讲比赛时，我积极报名参与，认真准备，再次获得了一等奖。好风凭借力，送我上青云！

陈浩：我是一个相对内向的人，作为体育教师不太善于上台去表达，来到金华大家庭之后，上台的机会很多，校领导给我们提供平台，在这方面我感觉有了一些提高，尝试着脱稿进行发言，虽然讲得不太好，但是一个大的突破。

王晓燕：我很荣幸成为王金平老师的徒弟。我的师父为人很温和，做事又认真仔细。每次向她请教，她总会不厌其烦地向我说说她自己的想法。在听课和互相探讨与思考中让我在王老师身上学到了不少东西。在教学方法、管理学生等方面都毫不保留地给了我许多实实在在的指导和帮助，真正发挥了"传、帮、带"的作用，使我在各方面都有了较大的提高。

杨启：教学反思是青年体育教师成长的关键，反思是最好的老师，每当你上完一节课都要对自己的课堂教学情况进行不断的反思，针对课中不足在下次课中加以改进。体育教师在教学反思中要关注学生在教学过程中运动技能的掌握情况、学习情感和心理承受能力、学习技能过程中出现的问题，还有自己在教学过程中组织课堂的情况。当然，反思不单单是指教学反思，我们青训营组织的好多活动，例如演讲比赛，我通过那次演讲比赛学到了一些演讲的基本知识，如上台的仪表、语速、语气的抑扬顿挫等。演讲结束以后我进行了深刻的反思，从演讲的题目到演讲的内容形式上，都有了深刻的想法，这也是对我成长的一种提高。

尹硕：时光在悄悄地流逝，作为一名青年教师，自参加学校的青训营后，将此刻的自己和几年前的自己进行比较的时候，会觉得很不可思议，思想上的成长更是不可思议！工作态度、工作方法、工作热情种种与工作相关的记忆印都在脑海中。这些印记全都来自教学工作中的每分每秒，那里边有领导的关心以及同事、自己师父的帮忙。在大家帮助和鼓励下，我改进了教学方法，提交了管理学生的水平，使自己得到了快速成长。

霍恒强：我利用课余时间加强专业知识的学习，多听师父的课，多向经验丰富的教师请教。过了一段时间，我发现盲目的模仿只得其形而不得其神。于是我认真学习新课标，领悟新课标精神，要想上好一堂课，还是得从认真备好每一节课开始。我认真地备课、编写教案，尊重学生的主体地位，设计适应学生的教学方法，开展有效的教学。逐渐，在课堂上也能依稀看到属于我个人教学风格的影子了。

有理想的人，犹如一条注满泉水的河流，为理想拼搏的人，犹如一条在河里跳跃的鱼儿，时刻准备着过龙门。理想与拼搏是蜕变的开始，坚持住了，就成了破茧成蝶的佳话。青训营的青年教师们在成长中蜕变，华丽绽放。

"探索有佳境，奋斗无止境。"我深知青训营还有更远的路要走，我将更加坚定自己的信念，一如既往，追逐阳光，放飞梦想，将青年教师培训工作的绿荫延伸得更宽、更远！

作者简介

王宏，邢台市金华实验小学教师，国家二级心理咨询师，国家高级家庭教育指导师，河北省抗干扰培训师，邢台市学科名师、"三育人"先进个人，邢台市名师讲学团、区数学名师工作室、区家庭教育讲师团骨干讲师，学校骨干教师工作坊坊主，全国特级教师贲友林邢台工作站核心组成员。多年来，潜心研究儿童心理学，钟情于数学教学的研究与改革，努力做一个"实践的研究者，研究的实践者"。所执教公开课、录像课，获省、市、区一等奖。撰写论文、案例在《教育视界》《河北教育》等杂志上发表。在教学中关心每一个学生的健康成长，尊重每一个学生在课堂中的表现，"陪孩子爱上数学"是她多年来积淀的教学理念，形成了自然和谐，灵动求新，师生相长的教学风格。负责开展的创新实用，形式多彩的系列教师培训活动，让我们看到务真求实和与时俱进在她身上并存。

星星点灯，照亮我的前程

【文章导读】

从第一次见到孩子们乱哄哄一片，到如今的一片欢声笑语；从第一次面对孩子们的手足无措，到如今的应对自如；从传统的填鸭式教学，到如今的自主教学。看一名幼儿教师如何一点点凝聚星光，照亮自己的教学之路。

"哇，这个小鸡是橙子做的，真可爱！""这个汽车是苹果和橘子做的，我喜欢！""这个椰子树是香蕉和猕猴桃做的，我要把票投给它！"小三班的桌子上摆满了各式各样的水果拼盘，小朋友们在老师的组织下正拿着手里的小红花给自己最爱的水果创意拼盘投票，椅子上的家长们也在紧张地望着自己和孩子共同完成的拼盘，盼望着小评委们可以将手里的小红花贴在自己的盘子上。他们这是在干什么？原来这是小三班的一个主题活动——认识各种各样的水果。看着孩子们有条不紊地介绍自己带来的水果、兴致勃勃地和家长一起制作水果拼盘和品尝各种水果时露出的笑脸。我笑了……

谁能想到，曾经的我，背对着黑板，一手拿着幼儿用书，一手拿着粉笔，"小手背后，小脚并齐，好，现在我们要准备上课了。""今天我们要讲的是故事《谁在跳》，来，小朋友们，老师念一句，你们念一句。"

五年前，刚刚从小学教师岗位走到幼儿教师岗位的我，本以为自己在小学干得不错，做幼儿教师去教三岁的孩子有什么难的。可谁知，根本不是那么回事，刚开始坐在小椅子上的孩子们还跟着我一起读，但很快，下面干什么的都有了，有的孩子在自己的椅子上来回扭动，有的孩子在交头接耳，甚至有的孩子直接离开座位追赶跑闹……课堂上完全是一团糟！我着急地大声喊："坐好了，坐好了，都坐好了！"可孩子们闹得更欢了，我的声音渐渐淹没在孩子们的吵闹声中……

一定收住这帮小娃娃们的心

"一定要管住你们这帮小娃娃们，收住你们的心！"我在心里暗暗发誓。于是我拿起《幼儿园指导纲要》认真阅读，从图书馆和网上淘来《新手老师上路——幼儿教师入门必读》《孩子的内心世界》《卡尔·威特的教育》《正面管教》等书籍来学习。渐渐的我了解到处于幼儿阶段的年龄特点就是活泼好动，注意力集中时间较短，对周围的事物都充满好奇，而且他们的模仿性强。针对幼儿这些特点，如何管理好他们呢？我开始到处取经，贾园长告诉我，要想做好一个幼儿教师，要有三心：童心、爱心和耐心。要"蹲下来和孩子对话"。经验丰富的刘主任说要激发孩子的兴趣，树榜样并及时适当给予奖励。一有空我便去听其他老师的课，也从网上搜了很多优秀幼儿教师优质课的视频来观摩，看着她们带着孩子们在活动中玩得那么开心，我告诉自己"我也要像她们一样"。

"纸上得来终觉浅，绝知此事要躬行。"于是，我照着葫芦画瓢，一改小学老师的一本正经，模仿视频里幼儿园教师的语气和动作："小朋友们上午好，今天老师要带你们到森林里走一走，看看森林里都有什么小动物，它们都在做什么？"我一边讲故事，一边模仿森林里的小动物，"瞧，这里有一只小兔子，我们一起来学一学小兔子，跳，跳，跳。"小朋友们兴奋地跟着我一起学小兔子跳呀跳。"不好，来了一只大老虎！嗷呜，嗷呜……"我边讲着边学大老虎的样子走向小朋友，胆小的孩子被吓得身子直往后靠。看到孩子们小眼神紧紧地跟着我的脚步，一点一点地走进森林里，心里暗暗高兴，我做到了，我收住了你们的心，看，你们现在多听话啊……

渐渐的，早上入园时，孩子们看到我在教室门口迎接他们，会跑过来给我一个大大的拥抱，并高兴地对妈妈说"妈妈再见"。他们也喜欢时不时凑到我的跟前，甜甜地叫上一声"李老师"。孩子们的世界是单纯的、美好的，当你真正融入他们的内心和世界，也必将得到孩子们的认可和依赖。孩子们的改变激励我不断地学习和钻研，更加积极参加教研活动和专业培训，我像一块儿海绵，不断吸取着养分，逐步探索更加适合孩子们的教学模式和游戏活动。

双三角

《指南》中指出，幼儿的自主学习是指孩子在幼儿园中按自己的想法和心愿，根据自己的喜好、自己的水平、自己的行为方式，独立地来接触事物，获得信息，取得经验，提升认识，主动地发挥自己的主观能动性。

虽然我的教学方式已逐步适应了幼儿园的教学模式，但在教学中如何放手让孩子们按照自己的想法和心愿去获取经验，如何充分发挥孩子们的主动性，我不知从何做起，陷入了迷茫之中。

非常幸运的是，在我遇到工作瓶颈时，参加了河北师大国培置换研修项目。在"影子"园跟岗中，他们的教学模式使我对幼儿的自主学习有了深入的认识和理解，也给我迷茫的自主教学之路点燃了一盏灯。记得那是进入这个幼儿园的第一天，我走进小班，班上的王老师正在组织幼儿制作双三角，我没有打断，轻轻地走到孩子的身边，一个孩子将他做的双三角拿给我，"老师，你看我做的双三角。"我一看，这哪是双三角啊，边没有对齐，角也没有压好，刚想帮他拆了，重新折一下，班里的王老师看出了我的意图，示意我不要插手。当时我还挺纳闷，孩子的作品都成这样了，老师怎么不管呢？接着王老师组织幼儿观察老师折好的双三角，并且请几个折得较好的小朋友上前用完整的语言讲解了自己折双三角的步骤，并对幼儿正确的表述进行重复，最后请小朋友进行第二次操作。活动结束后，王老师看出我的疑惑，微笑着为我介绍了她们的教学模式，她们现在实行的是践行课程的主题教学，该课程的主旨就是给幼儿提供自主学习和探索的空间，让幼儿在亲身做的过程中不断发现问题，解决问题，从而获得各方面能力的发展。我猛然惊醒，这不正是幼儿自主学习的充分实践吗，活动以幼儿为主，让幼儿在自主的探索和学习中获取经验，教师只是幼儿材料的提供者和活动的引导者。

各种各样的车

返岗之后，我一直在努力找寻主题活动的内容，学习源于生活，生活也不负每个认真去发现它的人，结果很快我就找到了。

俗话说："兴趣是最好的老师。"一天早上，辰辰带来了他喜欢的小汽车，小朋友们纷纷围拢过来，"辰辰，让我看看你的小汽车好吗？""我们家也有小汽车，跟这个一样。""我家还有消防车和大汽车。"看到孩子们对辰辰的车这么感兴趣，我心想到这不正是一个可以由孩子所关注的事物引发的主题活动吗？于是我设计了"各种各样的车"的主题活动，本活动分两个课时完成。

第一课时，首先从小朋友熟知的各种各样的车入手。孩子们介绍车子之前，我引导他们具体介绍一下车子的名称、颜色、形状、结构以及功能。"我有时候来幼儿园奶奶会带着我坐18路公交车，它是绿色的、长长的身体，还有它有两个门，一个可以上车一个可以下车，公交车有四个轮子，都是黑色的。""我妈妈开的是红色的小轿车。""我爸爸开的是本田的商务车。""我会骑自行车，它有两个轮子，粉色的。"小朋友们争先恐后地讲述，兴致非常高。这样，孩子们对车的外形、数量及结构有了初步的认识。有个叫程程的男孩还讲了消防车，"星期天我和妈妈一起去商场，路上看到有一个地方着火了，然后就有消防车来灭火……"顺着程程的话题我向小朋友普及了警车、消防车以及救护车的知识，并且介绍了110、119和120三个报警和急救电话。

第二课时前，我事先布置了作业：收集车的图片（可以是图书上的，可以是自己画的，也可以是网上下载的，还可以是照片）或者汽车模型。这样，孩子们将"各种各样的车"搬入了幼儿园。利用图片、视频到汽车模型，孩子们将各种车子归类，我一步一步引导他们了解了各种车的用途，还告诉他们自行车、公交车是最环保的交通工具，让他们长大之后多乘公交车。接下来我又带孩子们用废旧的材料制作汽车。

通过"各种各样的车"的主题活动，我渐渐明白教师在幼儿自主学习中的作用，原来老师就是为幼儿提供充足的材料，让幼儿从已有的实际经验出发，在已有经验的深度和广度上进行拓展，使幼儿探索新的问题，建构新的知识经验。看着孩子们在活动中轻松愉悦地掌握了一系列的知识，我非常开心。

在组织本次主题活动中，还有一个小插曲，就是利用收集的废旧材料制作一辆车这个环节时，博博小朋友低着头，皱着眉头，一动不动地盯着桌子上的材料箱，我问道："博博，你怎么不做小汽车呢？"他一脸委屈地看着我说："老师，我不会做。"我刚想上手去帮他一起做，突然脑子里有一个声音响起，"你不可以动手替他完成，如果你这次帮他做了小汽车，那还能算他自主学习吗，你代他完成这和旧的教学模式有什么区别，这个制作小汽车的知识结构能建构在他的经验里吗？"于是，我停下想要帮博博组装汽车的手，想了想，我也一步步地引导他："博博你想一想我们常见的车由什么构成的呀？""车身和车轮""那你看这里有个牙膏盒，它像汽车的什么呀？它可以做什么？这个瓶子上圆圆的盖子可以做汽车的什么呀？"经过一步步的引导，博博仰起头，笑着对我说："老师，我知道怎么做了。"

通过这个小小的插曲，我更加深刻地认识到在幼儿学的过程中，教师要做好引导者。现代教育理论提倡以幼儿为中心，强调幼儿"学"的主动性，教师的作用体现在组织、指导、帮助和促进幼儿的学习，充分发挥幼儿的主动性、积极性和创造性，从而使幼儿最有效地进行学习，我们要做好幼儿学习活动的支持者、合作者、引导者。

幼儿园是孩子人生的第一个"加油站"，能够成为一名培育祖国幼苗的园丁，我感到无比的自豪。一点一点的星火力量使我不断积蓄能量，给孩子们带去快乐的同时，他们对我的喜爱和依赖也无时无刻不让我感到幸福。在成长的道路上，别人照亮了我，我也温暖了别人。我将不断聚集点点星火，让这种光明和温暖继续照亮前方的路……

作者简介

李丽华，邢台市信都区群星幼儿园优秀教师。讲课亲切自然，朴实无华，师生之间平等、和谐。致力于"学前教育学"的深入研究，多次在省市级自制教具、征文、优秀教学评比中获奖，积极参加国培计划项目，成绩突出。

特别的孩子特别的爱

【文章导读】

碰到那些浑身是刺的"刺头"学生，教育转化工作会面临各种压力。问题学生的解决不是一蹴而就的，需要长时间的坚持，充满自信，用我们的教育智慧调动各种力量形成教育合力，同"刺头"斗智斗勇，转化的是一个学生，挽救的是一个家庭的希望……

问题学生的解决不是一蹴而就的，需要长时间的坚持。老师解决这些问题的行为不一定会得到家长、学校和学生的认可，教育转化工作会面临各种压力，这些方法也不一定适合所有的问题学生，但是，我们一定要坚持做下去，在做中学，在学中做，不断进步。我们一定要感谢这些问题学生，正是这些学生，给我们的教育提供了很好的研究课题，是他们锻炼了我们、成就了我们。只要你坚持这样做，那些问题学生一定是和你最亲近、感情最好的，而你的价值也会体现出来。慢慢地，你就会发自内心地喜欢这些学生。

——题记

在教师的教育生涯中，难免会碰到一些"刺头"学生，已经有二十多年班主任经验的我，自信还是有能力对付的，对自己的管理能力也是自信满满，直到张燕然的出现，一度使我对自己的教育能力产生怀疑……

班里来了个"刺头"

在八年级开学伊始，105班里转来了一个名叫张燕然的男同学。该同学长得白白净净，看上去也文文静静，像是一个遵守纪律的好孩子。正是这文静、乖巧、看似老实的外表，使他顺利通过政教处、主管领导和班主任的三级"考核"，插班进入105班学习。

刚开始的一段时间里，张燕然同学只是表现得不爱学习，偶尔也会迟到，并没有太大的毛病。但在国庆假期后再返回学校，他的"本相"就开始暴露：上课无精打采，哈欠连连；课下不做作业，作业本画得一塌糊涂；老师讲课时故意打岔，扰乱课堂秩序；日常行为及生活习惯表现差，在纪律上自由散漫，还有着让你无法忽视的存在感，三天两头做出一些滑稽行为来扰乱课堂秩序，博取同学和老师的关注；性格冲动，攻击性强，一言不合就拳头相向；每周打人的次数逐渐增多；外表文静的他，打起架来不要命，下手特别狠，短短一个月内，就和同学发生了七次打架。到后来发展到放学不回家，和社会上一帮不三不四的小青年混在一起，称兄道弟，吸烟喝酒，寻衅滋事，让我和任课老师头疼不已。

"刺头"是这样炼成的

张燕然的父亲、母亲常年在上海打工，只有在每年的农历春节回家过年待上十来天，或者是张燕然捅了大娄子、出现问题需要处理时，父母才不得不回来住上几天解决问题，其他时间把孩子甩给年迈的爷爷监管。七十多岁的爷爷年迈多病，自顾尚且困难，孩子的日常生活缺乏关爱，也缺乏与孩子的沟通和教育，造成孩子任性固执、不服管教、无心学习等不良的性格。在这种家庭生活中，孩子的内心失去平衡，觉得自己是多余的，没有得到应有的关爱，从而产生强烈的自暴自弃心理和严重的逆反心理。张燕然小时候只有通过不断地违纪升级才会引起父母的关注，即使是武力威胁，对小小的张燕然来说也比不管不问受用得多。而在问题的处理中，张燕然也沿袭了父母的处事方式，那就是用恫吓和武力来使得问题得以暂时解决。

父母在日常没有时间对孩子进行正确的家庭教育，心怀愧疚，在物质上对孩子的各种要求尽量地满足，基本上是有求必应，但是，对孩子的生活和学习则放任自流。长期这样，造成孩子在家中一切以自我为中心，任性骄横，不顾及他人的感受；对学习没有兴趣，开始还能敷衍应付老师和家长，后来，连应付都不做了。

入学后老师不了解孩子的家庭情况，没有根据实际情况对这个生活在空巢家庭的学生采取有针对性的教育措施，没有对孩子付出更多的关爱和耐心，对孩子的教育管理只是按照学校正常的教育程序进行，和一般的学生进行等同教育，使孩子失去了转变的最佳机会。

张燕然在成长的过程中，因为长期缺乏家庭的关爱和父母监管，很容易受到社会上不良青少年的影响和诱惑，和他们混在一起，吸烟喝酒、上网聊天、夜不归宿等，慢慢地深陷其中而不能自拔。

对症下药，家校合力"拔刺"

针对张燕然的特殊情况，我和相关的责任教师决定采用特殊的教育措施，进行转化教育，挽救一个随时都可能辍学，甚至走上违法犯罪道路的孩子。这年的2月5日，我利用春节期间趁他的父母在家时进行了家访，和孩子的父亲、母亲、爷爷共同商讨教育方法。在告知孩子问题的严重后果后，共同分析造成孩子问题产生的原因，指出其父母在教育子女上应该承担的责任和义务，并告诫家长，在教育过程中应注意的问题：当前的第一件事就是要加强家长和孩子之间的心理沟通与亲情交流，了解孩子内心的真实想法；家长要常回家看看，要定期通过电话、微信或QQ和孩子进行联系，及时了解孩子的思想状况，对孩子进行教育，而不是仅仅给孩子生活费和零花钱，单纯满足孩子的物质要求；家长要积极发动亲朋好友共同行动起来，切断他和社会不良青少年的联系，断绝社会不良现象对他的诱惑。

在学校，召开班级所有任课老师协调会议，在对待张燕然的教育问题上，老师们统一思想、统一要求、共同努力、形成合力。要求老师们尽可能地发现张燕然身上的闪光点，共同想办法提高他的学习兴趣。在学校期间，老师们要随时注意该生的表现情况和任何一点儿进步，及时反馈，及时表扬。孩子不愿学习，形成了自由散漫的学习习惯，让他一下子改掉自己的毛病是不现实的，催得紧了，可能会适得其反。针对张燕然的情况，我们各任课老师共同商定：首先，要适当降低学习难度，逐步培养学习兴趣。老师在布置作业时，张燕然的家庭作业和其他同学有所区别，量也适当减少，题目也是最基础的。并且与家长约定，只要孩子在某一时间段认真完成了家庭作业，可以满足他一个小小的要求或给予适当的奖励。其次，签订目标责任书，逐步提高要求。针对张燕然自律性差、屡次违反校纪班规的情况，班主任和他签订成长目标责任书，目标责任书上写明必须要纠正的违纪行为及完成的时间和方式。如果完成了目标责任书规定的责任目标，就给予相应的奖励，如果背信弃义，完不成目标，或者明知故犯，就要受到相应的惩罚。目标责任书由教师、家长和学生共同签字，根据他的表现情况经常变化，慢慢地提高要求。

"刺头"获得新生

经过一段时间的严格管制，让他养成最基本的生活和学习习惯，达到学校最基本的行为要求，然后再发动班级的同学形成集体的力量，共同参加到帮扶队伍之中，让他慢慢地融入班集体中。经过一个学期的共同努力，张燕然同学已经慢慢地融入了105班的正常学习和生活中。他的各方面表现明显好转：能和同学合作完成很多的集体任务，表现出良好的组织协调能力，开始有了积极主动的学习态度；虽然偶尔还有轻微的违纪行为，但能按时完成任课老师布置的学习任务，不明白的问题也愿意去请教老师和同学；虽然学习成绩还不是很理想，但最起码已经达到了一个正常的八年级学生应该达到的基本标准。

"拔刺"成功的启迪

现在，寻求快速致富外出打工的农民越来越多，特别是夫妻双双离家到外地打工，把孩子甩给老人看管的家庭越来越多，造成农村的空巢家庭逐年增多。这些空巢家庭的孩子过早失去了正常的家庭温暖，常年游离在父母的监管边缘，问题越来越多，其性格、智力、情绪、人生观和价值观的形成和发展受到压抑和扭曲，直接造成学生成绩下降，思想道德品质下滑，而且也导致了行为异常和心理异常。这种现象的存在对学生的发展和自身素质的提高无疑是一个不利的因素。因此，空巢家庭学生的教育问题不可忽视，作为教书育人的教师，要带着对学生诚挚热爱的情感，用真情感染和打动学生，让其转化为学生前进的心理动力，促进学生优良品德的形成和个性的良好发展。我们要利用教师的特殊身份，关注和关心着这个群体，协调好监护人和孩子的关系，引导孩子身心健康发展。空巢家庭生活的孩子往往更加缺乏安全感，他们渴望关心、渴望关注。但是，对别人的关心又抱有怀疑态度，游走在正常学生的生活边缘，从而导致他们大部分人的性格内向，不擅交流。教师要通过组织班级集体活动，让班级全体同学都来关心他们，拉近他们和老师、同学的距离，让他们真正体会到老师和同学对他们的关爱。空巢家庭的孩子往往有比较强烈的自卑感，做事缺乏信心，帮助他们克服这些问题的最好途径就是帮助他们提高学习成绩。教师要时刻注意这些学生的学习情况，帮助他们解决学习上的问题，给予他们方法上的指导，平日多找这些孩子谈话，了解他们的需求和思想动态，激励他们奋发向上的决心和勇气。对于这些学生的任何进步，我们都不要吝啬自己的赞美之词，要及时给予肯定，让这些学生受到鼓舞，充满自信，不断地进取，不断地进步。我们要高度重视家庭教育的作用，理解家庭在一个孩子成长中的重要性。要多渠道地进行家校沟通，给家长必要的培训，让家长掌握必要的教育方法，提升他们的教育能力，让家庭真正成为孩子心灵的港湾。对个别心理问题比较严重的孩子，必须要采取特殊的教育方法，进行必要的心理疏导，给孩子一个健康的心理，给孩子一个美好的前程，也给孩子一份最美好的回忆。

在担任105班班主任的"拔刺"期间，虽然每天都是忙忙碌碌的，但我很充实。在处理"刺头"学生问题上，占用了我很多课外休息时间，但我忙得高兴，忙得开心。"十年树木，百年树人。"教育人是一项非常艰苦的工作，也是一项很烦琐的工作。它需要我们付出艰辛的劳动，投入极大的热情，讲求方式方法，并要极具耐心地工作。在教育学生的同时，也要不断地充实自己，提高自己，和学生一起进步。当好学生的人生向导，做好学生的保护神，用自己的爱心去感化学生，让他们成为社会有用之才。

作者简介

郭振亚，邢台市第十四中学历史高级教师，邢台市学科名师，邢台市优秀班主任，国培学习"明星学员"。在邢台市历史学科优质课教学评比中多次获奖，有多篇教育教学论文发表在国家级刊物上，《追求卓越的足迹——河北师范大学"国培"置换研修行思录》初中历史卷编者，多次参加邢台市教育科学规划立项课题研究。课堂教学幽默风趣，条理清楚，逻辑严密，高效实用。

爱到深处是放手

【文章导读】

有一种爱叫放手，如果你爱学生，那么请大胆地相信他，鼓励他，目送他载着梦想驶向彼岸。

以前，我总把学生当作知识的容器，天真地认为只要老师讲得越多，学生收获就越多。于是我不厌其烦地讲每一道题，学生机械地重复记忆，日复一日，年复一年。当我在满堂灌的课堂教学中乐此不疲时，却发现学生在课堂上越来越麻木、呆板，不善于思考，讲过去的题，再遇到同种类型的题还是不会。于是，我开始抱怨学生脑子太笨、学习不努力。每节课除了继续滔滔不绝地讲解外，又多了几分埋怨和指责，在这样的课堂气氛中，学生很少有积极发言的，课堂气氛更是死气沉沉。我感觉特别疲倦、无奈，不知如何改变现状。幸福成了难以实现的梦！从2015年开始，我参加了很多培训学习，如国培，北京小学丰台万年花城分校跟岗学习，加入了贲友林教学工作站……我的教育理念改变了，学生变了，课堂也变了……

孩子，你考了100分

想起我们班的学习困难户小婧，我就忍不住叹气。这个孩子基础比较差，胆子又小，性格内向，上课从来不主动举手发言，即使有时让她回答问题，她站起来头也不抬，低着头半天不出声。我费尽心思耐着性子鼓励半天，才发出点儿声音，把耳朵凑到她的嘴边才能听到。没办法，只好让她坐下。眼看着她与其他孩子的差距越来越大，我的心每天都非常沉重，但也感觉无能为力。

有一天上数学课，学生学习了解答较复杂的方程后，我给大家留了课堂作业。孩子们都在认真地写作业，我巡视时发现大部分孩子做得很好，正确率很高，心里也很满意。可是，当我转到小婧身边时，不禁眉头紧锁，这孩子都是乱写的，还是一窍不通。怎么办？给她讲吧，讲半天也不一定能听懂。不管吧，孩子只能呆坐一节课，什么也学不到，这样我于心不忍。转念一想，我不能按其他学生的标准来要求她了，降低一点儿要求，先让她把简单的方程学会。虽然和其他孩子进度不一样，但和她自己比，毕竟是有点儿进步了，这一节课没有白上。

想到这儿，我放下自己那颗急躁的心，耐下心来对她说："你先别做作业了，老师给你出一个简单的方程，你如果真正学会了，今天的学习就算进步了。"我给她出了一道最简单的方程：5+x=8，然后慢慢地给她讲道理，这回她听进去了，做对了。她很高兴。我又出了一个加法的方程，因为简单，而且题型没有变化，她又做对了。她兴奋地问："老师，我学会了吗？"我点点头："你真厉害！敢不敢让老师考考你？看看你能考多少分？""敢！"我又出了四道左边是加法的最简单的方程，她做得特别认真，很显然每道题都在认真思考，这次四道题她又做对了！我在她的本上写出了大大的100分，告诉她："你今天学得很认真，把这个作业带回家去让爸爸妈妈看。"她的两眼放光，脸上露出从未有过的灿烂的笑容。我想这也许是她上学以来得到的唯一一个100分。这个100分对于孩子来说是最大的鼓励，虽然她比不上其他同学，但是她今天有了进步，就应该受到表扬。从那天以后，我每天给她定学习目标，学会了就及时表扬。学不会，再降低点儿要求耐心讲解，鼓励她，还发动本组同学耐心帮助她。她变得比以前用心多了，学习不再心不在焉，写作业时也不再乱写了，上课回答问题声音慢慢地变大了，偶尔也开始举手。只要她举手，我就马上让她回答，答对了夸她会想问题了，答不对也夸，夸她勇敢，鼓励她大胆举手发言。她的表现越来越好，学习成绩也在慢慢地提高。看到孩子的进步，我的心里美滋滋的。我想我们老师有时会大一统，一刀切，一些成绩较差的学生照顾不过来，致使这样的学生沦为"差生"。作为老师，我们应该反思我们是否真正做到了研究每一位学生？是否真正针对每一个孩子的特点进行教育了呢？对他们，我们又有多少耐心？我们一定要静下心来去研究孩子的特点，根据孩子的起点和特点，量身定制学习目标，耐心去教育、帮助他们，静待花开。虽然这朵花可能不如其他花开得那么早，那么艳丽多姿，但是它自有它的美丽和生命的价值。我们当老师的真正做到了因材施教，才称得上是一名名副其实的真正的老师。

孩子，你是我们的老师

一天，课堂上我和学生们讨论一道数学题。题目是：相同质量的水和冰的体积之比是9∶10，一块体积是50立方分米的冰化成水后体积是多少？学生们思维特别活跃，汇报时竟然出现了五种方法。大家讨论得热火朝天，最后达成共识。我正打算总结一下接着讨论下一道题，还没开口，一个怯怯的声音传过来："老师，我的方法是50×9÷10，和其他方法结果一样，我不知道对不对。"我定睛一看，原来是她——我们班最胆小的小婧！我心中一阵狂喜，平时点她回答问题都是满脸通红，特别紧张，恨不得藏起来的样子，更别说主动发言了！看来只要我们老师给孩子们创设一个安全、温暖的"家"，所有的学生都能改变。一定要赶紧抓住机会，好好鼓励。想到这儿，我连忙说："今天老师很开心，大家知道为什么吗？"机灵鬼陈思彤脱口而出："因为小婧主动发言了。""对，这是我们班的大喜事，小婧能够战胜自己，勇敢地站起来发言就是大大的进步。小婧，真棒，老师为你的勇敢点赞！"我笑着冲着她伸出大拇指，教室里响起一片爱的掌声。

"请大家诊断一下小婧的方法。"我说。教室里安静下来，孩子们都在静静地思考。过了一会儿，班长杨慧媛对小婧说："你的算式的结果和其他方法一样，但我们不能只看结果，我认为你的算式讲不通道理。50立方分米是冰的体积，9是水的份数，50和9有联系吗？用冰的体积乘水的分数，没有道理。"其他学生都纷纷表示这样列式没道理。我笑着对小婧说："我们不能只关注结果，还要看列的算式有没有道理，不能玩数字游戏。"小婧红着脸点点头。这时，有个学生说："大家都说小婧不对,看她都不好意思了。"她是个腼腆的女孩,自尊心很强,平时很少发言,这次好不容易鼓足勇气说出自己的想法,可不能被打击下去。想到这儿,我大声说:"虽然小婧的方法错了,但是她是我们大家的老师,我要代表全班同学感谢小婧。"学生都瞪大问题地看着我,孙贵兆说:"老师你弄错了吧?她错了我们还要拜她为师吗?"我接着说:"虽然小婧的方法错了,但她的错误很有价值,提醒了我们以后想清楚道理再列式。从正确和错误的方法中都能学到知识。孔子说的'三人行必有我师'就是这个道理。孔子还说了一句话,'知之为知之,不知为不知,是知也。'小婧做到了不懂就问,这就是正确的学习态度,值得我们大家学习,所以她是我们大家的老师。"学生听了都若有所悟地点点头。这时,调皮的霍俊伊大声说:"感谢小婧老师。""感谢小婧老师。"……教室里响起了此起彼伏的感谢声,小婧红着脸笑了,眼里含着泪花,同学之间互相尊重的气氛弥漫在整个教室。下课了,学生们还意犹未尽,围上来给我讲他们课上还没来得及说的想法。这次,小婧也围在我的身边,听着其他同学的想法,有时也插上一两句,完全看不出以前的拘谨、紧张,脸上洋溢着幸福、甜美的笑容。望着她天使般的笑容,我瞬间感到所有辛劳全部烟消云散,幸福感满满。做一名老师真幸福!我深切地感受到老师要以火热的情怀,以平等、尊重和真诚的爱心去打开每一个孩子的心门,不让任何一个孩子成为遗憾。因为只有充满爱的教育,才是真正的教育!

爱到深处是放手

"凡事预则立,不预则废。"为了给学生创造更多的自主学习的机会,我尝试让学生课前先做预习单,课上我不讲,先让学生汇报交流,互相学习,我只是相继点拨。

一天上课,我们学习《倒数的认识》。小组交流后,我组织全班交流时,孔怡茜提出疑问:"0.25×4=1,0.25和4互为倒数吗?"这个问题引起争论,孙贵兆说:"0.25和4不能互为倒数,只有分数才有倒数,分数的分子和分母交换位置就是它的倒数。"小婧"蹭"地一下从座位上站起来自信地说:"我反驳,书上说乘积是1的两个数互为倒数,这句话没有强调这两个数必须是分数,说明它们也可以是整数、小数,只要乘积是1,这两个数就互为倒数。0.25和4相乘得1,所以它们互为倒数。"她刚说完,我的耳朵里一下子灌满了掌声,小婧的脸颊上涌动着暗红的云霞……她是我们班基础比较差的学生,从原来的不敢发言,到现在的主动发言,而且说得这么好,多大的进步呀!看来她一定是认真预习,真正思考了,所以她很自信。看到她的进步,我开心地笑了,和同学们一起使劲儿地为她鼓掌,掌声持续了很久……这节课,她的手一直举着,几乎没有放下。

讨论怎样求一个数的倒数时,学生给了我很大的惊喜,大家都积极举手想当小老师考别人。考题出来后,他们争先恐后地举手喊着:"叫我,叫我!"看着这么热火朝天的场面,我激动得眼泪都快流下来了,这不正是自己梦寐以求的场面吗?今天终于实现了!孙贵兆问:"$1\frac{2}{5}$的倒数是多少?"小婧自信满满地抢着回答:"那还不简单,把5和2换位置,$1\frac{2}{5}$的倒数是$1\frac{5}{2}$。"张占涛马上反驳说:"我认为你说的不对,它们相乘不等于1,所以不能互为倒数。应该先把带分数化成假分数$\frac{7}{5}$,再把7和5交换位置,它的倒数应该是$\frac{5}{7}$。"孙贵兆笑着说:"张占涛说对了。"小婧想了想,不好意思地捂着嘴笑了,冲着张占涛竖起了大拇指,还双手合十冲他拜了拜。看到她那可爱的举动,大家都笑了,课堂变成了欢乐的海洋。我冲小婧伸出了大拇指,笑着说:"今天老师真开心,因为我看到了你的进步,你不但变得敢发言、敢质疑,大胆说出自己的想法,而且说错以后还能虚心接受别人的意见,这种心态多好呀!这才是真正的会学习。"爱的掌声再次响起来,望着小婧天真、幸福的笑脸,我很欣慰,她已经踏上了学习的快车道,可以快速前进了!

就这样,这节课学习中的难点与"误"点在学生"谈笑间灰飞烟灭"。每位学生都在用自己的水平阐述自己的理解,课堂上充满思维的声音,课前我想强调的重点他们都想到了,看来以前我低估学生的能力了,不是学生没能力学好,而是我没给他们自主学习的机会。只要我们教师敢放手,给学生自主学习的时间和机会,学生一定会给我们意想不到的精彩表现。我们要相信学生的无限潜能!正如温室里的花朵虽然鲜嫩,但缺乏韧性。这都怨他们吗?不,是园丁没给他们经历风雨的机会。

老师们，放手吧，少一些束缚，多一些放手，放手有时也是一种爱！这种爱更深沉。爱到深处是放手！

作者简介

史丽，邢台市信都区胡家营学区钢铁路小学教师，区优秀党员，荣获过全国五一劳动奖章，师德标兵，第三届学科骨干教师等。她追求让每一位学生都受到关注，让每一位学生都有活动，让每一位学生都有机会，让每一位学生都获得发展，善于调动学生学习的主动性，激发学生的创造性思维并取得较好效果。致力于自主、合作学习研究，论文《优化数学课堂教学，关注学生参与》和《如何让学习真正发声——听牛献礼老师讲座收获》荣获区"名师引领课堂"一等奖。

点点滴滴皆是爱

【文章导读】

相同的教室，却有着不同的内涵。有的显得很小很小，让人感到局促和狭隘，有的显得很大，让人觉得有无限伸展的可能，可见决定教室尺度的是教师，尤其是小学教师，他的视野、格局、理念决定了教室的内涵。曾狭隘地认为，教室就是教师+学生+课本，教师携带着精湛的教学艺术陪伴着学生，模式化传授知识的地方。

我是一名小学语文老师兼班主任，教书育人就是我的天职。很多年前我看到过一篇文章——《这条小鱼在乎！》，看完后心中百感交集，其中有对珍惜生命的感动，有对做事执着的钦佩，有对现实教育的感叹……复杂的情绪一齐涌上心头，这些感情交织在一起，化作涓涓细流涌入眼眶，仿佛看到一条条躺在沙滩上的小鱼，在浅浅的水洼中痛苦地挣扎着，等待着救助，心中万分沉重。后来随着教材的改革，在教科书中见到了这篇文章，这时我对文中的小鱼又有了一个全新的理解，那一条条等待救援的小鱼，不就是一个个正在等着我们教育的孩子吗？他们"救命"的"水"就是老师的爱！

如果说教育是爱，那语文教科书中则处处播撒着爱的雨露，字里行间的语言文字就是滋养孩子心灵的小溪。在《难忘的八个字》中，伦纳德夫人轻轻说出的八个字，照亮了失聪女孩的人生；在《珍妮的帽子》中海伦老师用一顶顶小小的帽子，保护了珍妮稚嫩的心灵……课文中老师对学生那细致入微的关爱，不仅使我想起了现实生活中的件件往事……

　　时光随着思绪仿佛又回到了2000年，那年我在一所乡村小学带二年级，一天下班时，听到校门口有人大吵大嚷，我急忙跑出去，原来是住在我们学校附近，一个远近闻名的最爱吵架的女人。我壮着胆子问道："大姐怎么啦？这么着急？""这个小妮子把我孙子的手挤坏了，我非打她不可……"她气势汹汹地说。我扭头一看，正是我们班一个胆子最小的女孩儿——倩倩。此时，她正双手抱着头躲在一个角落里，身体蜷缩成一团瑟瑟发抖。突然，那女人伸手去拽倩倩，孩子的身体使劲儿蜷着，拼命往墙上贴。我本能地立刻用身体挡住倩倩，满脸笑容地说："大姐，您先别着急，快看看您孩子的手有没有事，千万不能耽误治疗呀！要不我带孩子去看看？"她极不情愿地抽回手，拿起孙子的手说："看！看！"我仔细一看，红也没红，更别说坏了。我强压心中的愤怒，冷静下来，说了一大堆的好话，她这才气哼哼骂咧咧地走了。我急忙蹲下，把吓呆的孩子搂在怀里，轻轻拍去身上的尘土，说："孩子，老师送你回家……"事后，倩倩在日记中写道："父母不在身边的时候，老师就是妈妈！"从那以后，她就像一只快乐的小鸟，脸上绽放着幸福的微笑。这是一件微不足道的小事，爱却产生了神奇的力量！

　　如果说保护学生是一种有形的爱，那么在学生做了错事儿时，能给予足够的尊重就是一种无形的爱。

　　我曾经教过一个调皮的孩子叫阳阳，有一天课间，孩子们在一起玩耍，都说他像李小龙，于是，他兴奋起来，飞起一脚，只听"哗啦"一声，楼道的玻璃大门碎了。当我走进教室调查时，阳阳已万分羞愧地趴在桌子上，大家却还在毫不留情地纷纷指责他。我在肯定学生对错分明的同时，内心一种无形的寒意油然而生，你们可是兄弟姐妹呀！现在却只会指责！没一个人来安慰阳阳，没一个人来分担责任！恍惚间觉得自己的教育竟是如此的失败！我静下心来说："孩子们都好好想想，这件事难道只和阳阳有关系吗？如果意识到自己也有责任，请你站起来。"班长站起来了！组长站起来了！其他孩子也站起来了！此时我先前的心酸、心寒一下子化为乌有，眼泪流涌入眼眶。阳阳哭着说："老师，当事情发生的时候，我整个人都傻了，知道自己已经闯下了大祸，多么渴望一切都没有发生呀！老师您不要伤心，看到您难受，我的心也……"他哽咽着。那一刻，我和孩子们都在感动着！下课后，相关的孩子还主动写了检讨，我的心中略感欣慰，因为他们没有辜负老师的一片真情，懂得了关爱，懂得了担当，懂得了责任！

作为老师，如果说"育人"是对孩子心灵滋养的教育，那么时刻不忘提高自身的专业素养是对孩子的负责，也是老师职责的必备，是一种显性的爱。

一名老师，用心做好课堂教学是职责要求必备的一项基本技能，我该如何设计我的教学，让孩子们在最大限度内获取更多的知识，尽可能让孩子们的各种能力都能得到锻炼呢？这是我在教学时一直思考的问题。

2017年我有幸被派往河北师范大学学习了一段时间。我很珍惜这次难得的学习机会，就像一株久旱的禾苗突遇天降甘露，如饥似渴地吸取着知识的营养，不愿错过一丝一毫。在学习期间，从没有无故请假旷课过一次，生怕错过就会无法弥补。可是老天总是爱给人出难题。清楚地记得那是2017年11月1日晚上8点30分，我正在师大微机室里学习，突然接到了家里的电话，说孩子急性阑尾炎马上要动手术，这真是晴天霹雳！于是我急忙连夜坐了火车往邢台赶，晚上11点到达医院，这时孩子已经被送进了手术室。在手术室外我忐忑不安地等着，虽然不是大手术，但孩子长这么大，正独自一人面对可怕的手术，临进手术室前也没有得到妈妈的安慰，心里得多难受哇！

凌晨1点多，孩子从手术室出来，身体一直难受（因是半麻），拉着我的手不松开，我就坐在床边安慰着孩子直到天亮。第二天上午，在家人的支持下，我又坐上火车回到了师大继续学习，下午放学后又坐火车回邢台，在火车上把白天学的知识重点又整理了一遍，并完成了当天的作业。

我在培训中舍不得错过一节课，因为学校都是聘请了全国有名的专业老师给我们授课，既有理论又有实践，对我们一线老师的专业提升来说真的不可或缺。打铁还得自身硬，要想教好学生，教师必须得有过强的专业知识，否则就是误人子弟。其实老师自身文化素养的不断提升也是对孩子们一种负责的爱。

总之，"爱"是我们老师的天性，老师对学生的关爱处处可见：地震中，谭千秋老师舍命张开的双臂是爱；放学路上，张丽莉老师奋力的一推是爱。其实，我们这些平凡的老师，每天工作中的点点滴滴也是爱！教育是一种期待、一种固守、一种耐心、一份信任、一份宽容、一份责任……古人云："泽以长流而称远，山因直上而成峰。"让我们用"爱"的涓涓细流，水的博大宽容，去默默地滋养那些像沙滩上小鱼似的孩子们吧！

作者简介

张书景，邢台市育红小学（北校区）小学语文高级教师，国家级高级家庭教育咨询师，区级名师，校心理咨询师和家庭教育组成员。所执教的《茗之幽香》获省二等奖，《吃饭有讲究》分别获市、区优质课评比一等奖。潜心研究语文教学并担任班主任工作二十三年，曾获得省"优秀习作指导教师"称号，多次获区"优秀少先队指导员"和"优秀班主任"称号。在育红小学"三经四纬"教育理念的引领下，逐渐形成了"立足生活，激趣引思，自主探究，互动生成"的教学风格。

情系"悠悠"，静待花开

【文章导读】

上帝给我一个任务，让我牵一只蜗牛去散步，我催它，我拉它，蜗牛喘着气，往前爬……"上帝啊，为什么？"天上一片安静。放手吧！咦？我闻到花香，原来这边还有个花园；我感到微风吹来，原来夜里的微风这么温柔。慢悠悠，慢悠悠，我听到鸟叫，听到虫鸣，我看到漫天的亮丽的星斗！针对一个问题学生，老师采取观察、对话、跟踪、家访等方式方法，教育孩子，培养孩子良好的行为习惯。改变家长，让家长成为教育的助力剂。不断推动孩子自我改变。教育孩子，是上帝叫一只蜗牛牵我去散步。

摘要：

家访是沟通的桥，连接学校和家庭共同的心愿；

家访是心灵的窗，打开了家长和老师共同的心房；

家访是扣动心弦的歌，唱出学生和老师共同的心曲。

专家的这些话如春风化雨滋润着我的心田，使我对教师的职责有了新认识，对教学的方向有了新理解，对教育的使命有了新感悟，对学生有了更深一层的了解，对家庭教育有了更进一步的理解。我开始积极和家长沟通互动，多次召开家长课堂。家长对我有了更高的信任，学生对我有了更深的感情。返岗实践中，无数的故事犹如一朵朵浪花，拍打着我的心田，让我久久回味。

每当我捧起浪花一朵细细品味时，总觉受益匪浅。

印象悠悠

刘李蒙小名悠悠，家长说孩子从小做什么事都很慢，所以就取名悠悠。一年级入学没多久，悠悠的慢就令全班同学咂舌。

每天放学，他都慢悠悠地收拾书包，急的负责锁教室门的学生像热锅上的蚂蚁，而他依然慢悠悠的。

在小班长无数次告状，我无数次调解未果之后，我把锁门的任务交给了悠悠，目的是想加快悠悠的速度。第一天我去监督他，还可以；第二天我让班长监督他，也还成；第三天同桌监督，时间把握的也差不多；第四天无人监督，中午放学半个小时后，我去教室检查，看到他还在教室里散步。家长在学校外面急，我在学校里面急，悠悠依然慢悠悠。

家长无数次地训，我无数次地催，效果都不太好。直到有一天我看到了《牵一只蜗牛去散步》这篇文章，我把文章分享给悠悠的家长。后经商议我们决定：静待花开！

我每天派上一名同学，放学后和他一起负责锁教室的门，起到督促的作用。经过将近一年的训练，悠悠在放学收拾东西锁门这件事上，已经能做得很快很好了。

孩子们刚从幼儿园升入小学，有好多规矩还不懂。有些孩子不知道上课该怎么坐，不知道自己的座位是相对固定的。不知道那些铃声是干吗的……悠悠在其他方面做得还不错，但是上课总是迟到。每次一下课他就自己冲出教室，可是上课了迟迟不见他回到教室。一次两次让学生去找他，把他叫回来。时间久了这也不是办法。我想孩子贪玩，听不见上课铃也能理解。

下课后我就把悠悠留下，问他："下课玩些什么？"他说："什么也没玩儿。"我说："那为什么上课不能按时回到教室呢？"他说："没听见上课铃。"我说："你知道哪个铃声是上课铃吗？"他说："知道！"我说："你模仿一下上课铃声。"他就有模有样地学了起来。"很对啊！"我只好说，"下次注意，不要离开教学楼太远，好不好？这样咱们就能听到铃声了。上课不迟到，和其他小朋友一起进教室，多好啊！"他很用力地点点头。

迟到依然如故。这天下课后他又是第一个冲出教室，我不敢耽误紧随其后。他冲出教学楼以后，来到小花园，捉了一只蚂蚁，他把蚂蚁放在手心里，让蚂蚁在手心里爬啊爬的，他一边玩儿一边笑了起来。他和蚂蚁玩儿得很开心，也很投入。很快上课铃声响起，他一机灵，放下手中的蚂蚁，跑到厕所，上完厕所，跑回教室。

再次下课后，我叫住他，告诉他下课后第一件事就是上厕所，第二件事是回教室，准备下节课要用的东西，第三件事喝喝水，和小朋友聊聊天，看看图书，就是不能再离开教室了。

看来悠悠的慢是相对的。他是个做事很专注的孩子，很多时候他只专注于自己感兴趣的事情，对于不感兴趣的事情就会反应很慢。了解到这一点，我就努力培养他良好的兴趣爱好，从兴趣出发培养孩子的好习惯和规则意识。

走近悠悠

升入四年级后，随着知识量的不断增加，悠悠的作业越来越赶不上，特别是大量书写的作业。课堂上的作业基本写不了多少，没办法我只好隔三五天叫来家长交代一次作业，回家集中补一次，或是放学后我留下悠悠盯着他补一次作业。书上有的作业还好说，可是课堂作业是我根据本班学生的情况，抄在黑板上做的题，这就麻烦了。

有一次我把悠悠爸爸叫来，告诉他悠悠的作业需要补哪些，并让他带走了我的课堂作业备课本。并一再嘱咐悠悠爸爸明天一定要把我的备课本和悠悠的作业本都带来，因为第二天要写新作业，我的备课本上课还要用到。可是第二天，悠悠只交给我自己的作业本，我的备课本忘在他家里了。我给悠悠爸爸打电话，悠悠爸爸说："哎呀，不好意思我忘记了。现在没时间，下午给你带过来。"原计划做作业的一节课，我只好临时改作复习小测。

　　又一次，我们班刚刚换上新桌罩，浅浅的蓝色，很漂亮。我告诉孩子们，都要爱护自己的桌子罩。悠悠下课喝水，不小心把水洒在桌罩上面了。孩子年龄小，老师刚说了要爱护桌罩，自己就洒上了水，周围同学一起哄，悠悠一紧张，就拿手擦桌罩上面的水，手上的土和泥全擦在桌罩上了。下午放学的时候，我叫来悠悠妈妈，让她回家把桌罩洗一下，第二天一定要带来。结果三天过去了，桌罩依旧没有带过来。我给悠悠妈妈打电话，她说："老师真不好意思，桌罩在阳台上晾着呢，忘记了。"

　　我很好奇，悠悠的父母忙到什么程度，我千叮咛万嘱咐的事情都能够忘记。于是我决定周六去他家进行家访。

　　孩子都比较贪玩儿，悠悠也不例外，而且由于他行动比较慢，所以其他孩子基本不和他玩儿。他经常自己玩儿。他在学校小花园摘花，拿彩笔在教学楼的地上和墙上画画，在学校的草坪上踩出一个图案，把纸撕成小片儿从楼上抛下来，看"雪花"飞舞，等等。由于这些原因，给家长打电话，叫家长来学校是常有的事情。

　　周六上午我来到了悠悠的家，悠悠的爸爸妈妈第一反应就是，孩子在学校闯了大祸了。战战兢兢地问："老师，悠悠又做什么错事了？"我说明来意，家长才放松下来。家长说悠悠每次写作业，都是针锋相对的家庭斗争。爸爸嘱咐，妈妈叮咛，就这样孩子的作业半天写不了一行。两口子瞪着眼吵，悠悠低头该玩儿什么玩什么。后来只能两个人分工，每天一人坐在旁边，陪着，盯着悠悠写作业。一个人收拾家务做饭。否则，悠悠就会边写边玩儿。

　　其实在悠悠一年级的时候，我就发现孩子上课注意力不集中，玩儿东西，当时也和家长多次沟通，可是家长都不在意，以至于发展到今天这个地步。家访中也发现家长所谓的辅导孩子写作业，只是告诉孩子你去写作业，然后就去干自己的事情。所谓的陪在孩子旁边盯着写作业，也只是坐在那里，孩子写作业家长看手机。到最后一看时间晚了，就急急忙忙告诉孩子答案，帮孩子一起写作业，有时候家长干脆自己上手。

　　我告诉家长，孩子的成长离不开家长的关注和高质量的陪伴。作为父母，在孩子学习的时候，要给他一个良好的学习环境。常言道："身教胜过言传。"做父母的要给孩子做个好的榜样。原生家庭影响的可不是孩子这一代人啊。比如上面提到的两次，作为家长不重视孩子学校的事情，怎么敢奢望孩子去重视老师的话。古人说："亲其师，信其道。"家长对老师的漠视，造成孩子对老师的无所谓的态度，导致学校教育的效率低。真的就形成了"5+2=0"。

转变悠悠

这次家访后，在学校里我发现孩子突然和我亲近了很多。虽然作业还是时常完不成，可是毕竟做其他的事情节奏快了起来。其他学生告悠悠状的少了，我及时表扬悠悠的进步。在表扬悠悠时，我看到孩子眼中的光，高昂的小脑袋和挺起的小胸脯。他到处跟同学们说："老师来我家了！"以至于没被家访到的孩子，跑来我身边问："老师您什么时候去我家家访啊？"

期末考试前，我又到悠悠的家里做了一次家访。这次悠悠主动坐在我旁边，我一看这是一次激励悠悠的好机会，就把他点点滴滴的进步都详细说了一遍。悠悠乐得嘴都合不拢了。

这次期末考试悠悠虽然语文进步不多，可是数学一下子从原来的六七十分，考到了110多分。

放假的时候，悠悠又是最后一个离开教室，走之前他特意跑到我跟前说："老师再见。"看着他一溜小跑地离开，我很欣慰，小蜗牛将迎来属于他自己的春天。

孩子刚走几分钟，家长就打来电话，问："老师，这是我们家孩子的考试卷吗？我都不敢相信，他能考这么好！假期你什么时候有时间，来我家坐坐！"

悠悠只是我们班的1/66，66个家庭的拜访，让我重新认识了孩子们，也重新认识了各位家长。有人说，一个问题孩子背后，一定有一个问题家庭。我要说，从家庭出发，改变一个家庭，培养一个孩子。家访就是从根源上查找问题，解决问题，帮助那些摸着石头过河的家长们。有一次家访，我和孩子家长一起走在他们社区里，家长和孩子一边走一边给邻居们介绍："这是我们孩子的老师，来做家访的。"骄傲和兴奋溢于言表，离开很远了还听见后面家长和邻居的议论："我们孩子老师说孩子在学校表现特别好，跟家里表现一点儿都不一样。""哎呀，你们孩子的老师真好，现在还有几个老师会做家访啊……"

在耳边回荡的是赞许，在心中漾起的是责任。我何德何能，让家长如此厚待我，让学生如此亲近我？我唯有努力教育好我的学生，做好我的工作，才能无愧于心，无愧于人民教师的称号！

作者简介

谭书生，邢台市郭守敬小学教师，国家二级心理咨询师，邢台市优秀少先队辅导员，区"爱心教师""爱岗敬业标兵"，"国培计划"中西部乡村中小学教师培训"优秀学员"。善于用幽默形象的教育方式进行课堂教育教学，倾向于研究未成年人的心理健康教育问题，以及家庭教育指导。在河北省家长学校优质课评比中荣获三等奖。

陪着蜗牛去旅行

【文章导读】

在教学的过程中，你发现了一群可爱的"小蜗牛"，除了惊讶，还会做什么呢？我的"小蜗牛"可是带给我很多东西呢！一起来看看吧！

龟兔赛跑

作为一名在小学任教三年的教师，虽然不能算是一名老教师，但是自认为能够胜任一年级的教学工作，于是便信心满满地走进了一年级。

真正地接触一年级后，才让我发现之前自己在中高年级积累的教学经验并不适用于一年级新生，自己从前辈那里请教的一些方法也不完全适用于我接触到的现阶段的一年级学生。说实话，一开始我是完全崩溃的。

虽然内心是焦灼不安的，但是我很清楚一年级对于学生今后的学习生涯的重要性，明白我肩头的责任。面对一群刚从幼儿园出来的小朋友，首先要做的就是摆正自己的心态，不能将他们和自己刚送走的六年级毕业生相比。我必须要做的就是摸索一年级新生身上的特点，然后针对这些情况量身定制适合的教育方法。

在和一年级新生相处的过程中，我发现他们很像一个小动物——小蜗牛。由于成长发育阶段的原因，他们不能做的事情，或者说做不到的事情还很多。好吧，我要承认我遇到了一群小蜗牛，并且自己还要带着小蜗牛向前爬行。这时我突然想起从小听到大的一个故事——龟兔赛跑。虽然寓言故事给了我们一个乌龟最后获得胜利的结局，但是回想这个故事，我们会发现结局或者输赢并不是最重要的，重要的是我们看到了另外一种可能，重要的是我们看到乌龟在这条道路上洒下的品质的光辉——只要坚持，乌龟也能成为人生赢家。"龟行迟，努力不息"才是我们从这个故事中看到的最熠熠生辉的部分。遇见一群像小蜗牛一样的一年级学生，我不能拽着他们奔跑，而是要让他们学会在前进的道路上努力不息。

不同的角度 相同的美丽

在和一年级的学生相处了一段时间之后，我慢慢发现我真的不是很了解小孩子。

在教学任务不是很紧张的时候，我给同学们放了一部纪录片——《地球脉动》，一部关于地球上生物生存的纪录片。同学们很有兴趣，看得津津有味。但是看了一会儿之后，我发现他们私下讨论的话语有些神奇，和我的关注点完全不一样。他们看到小北极熊，会惊讶于小北极熊的可爱，当它们在雪地上打滚，观看纪录片的小朋友马上开心得不得了，还小声讨论小北极熊打滚要去哪里呀！看到一只老虎追一只小狐狸时，他们会给小狐狸加油，让小狐狸快跑……观察到这些细节之后，让我对一年级的孩子又有了进一步的了解，在他们身上我看到了单纯、善良和美好，看到更多的风景。

和小学生们相处，虽然有很多哭笑不得的时候，但是只要你细心观察，会发现他们身上有很多可爱的地方。他们可以因为一点小事笑得很开心，当然也会因为一点小事就哭得很伤心。在他们身上我也学到了很多的东西。学会更加耐心地去对待一年级的学生，因为他们无论是说话还是行动都比高年级的学生要慢一些，所以我也要停下脚步等等他们，在等他们的过程中，也锻炼了我的性格，让我更加有耐心，更加细心。和他们在一起喜乐都很简单，自己也开朗了不少呢！

小蜗牛虽然走路慢慢的，但是在缓缓的行走中，能看到更多的风景，在陪着他们成长的过程中，放慢自己的脚步，慢慢体会教学中的乐趣。在慢慢的相处中，我的焦虑不安被满满的收获所取代。

陪着蜗牛去旅行，陪着我的小蜗牛成长，教学相长，收获一路繁花，一路欢笑！

作者简介

任超，邢台市信都区李村学区西北留小学青年教师，讲课亲切自然、朴实、细细道来，在师生之间营造一种平等、协作、和谐的气氛。致力于小学语文、小学生心理健康学科的研究。

获全国主题教育读书活动征文指导三等奖，区教育系统宣传思想文化工作先进个人。

爱之初体验——班主任工作记事

【文章导读】

这篇文章是作者从事班主任工作的真实故事，记述了自己和学生一起合作，将一盘散沙的班级努力打造成有凝聚力的集体的心路历程，从而揭示了师生之间"爱"的神奇力量。

教育的真谛是爱，爱是一种力量，是一个教育工作者心灵深处真诚的涌动。"欣赏、尊重、宽容、发展"，第一次做班主任的我，伸出双手，拿出全部的爱，用倾听、理解、鼓励、信任和孩子们做真的朋友，让每一位学生都能沐浴到"爱"的阳光与春风。在此，我就"师爱是师德教育的核心"谈谈我的学习感受。

走马上任　状况多多

2017年的春天，新的学期开始了，由于学校的安排，我从一个普通任课老师变成了初二年级112班的第三任班主任。说实话，我心情很复杂，有点儿担心，有点儿抗拒，还有一点点的小确幸。因为这是我第一次当班主任，可以说是我教学生涯的一个新的挑战。走马上任后才知道，已经连续换了三个班主任的班级，留下来的工作是多么烦琐而无序。由于都是住宿生，所以我的工作不仅仅要关注学生的学习，还要有更多的精力来关注他们在学校的生活。一些突发的违纪事件和学生之间的矛盾，往往在课余生活中萌芽滋生，然后以一种初中生特有的方式爆发出来。

初二的学生本身就处于叛逆期，由于已经换了三个班主任，所以学生的情绪很不稳定，状况频频发生。以胡菁祎为首，宋子珂、刘宗瑶为"左膀右臂"的违纪小团伙在班级管理上故意挑衅，给了我好几个下马威。这让我头痛欲裂，每天拖着疲惫不堪的身体辗转于教室、学生、办公室之间，不是在解决学生的矛盾纠纷，就是在准备去断案子的路上，每日焦头烂额却未见成效，加之自己的孩子幼小，回家后得不到休息，身体也亮起了红灯。唉！真是悔不当初啊！可内心总有一个声音在悄悄地呼唤我"明知山有虎，偏向虎山行"，自己从教近二十年不能被几个孩子打败。亲其师，才能信其道，经过一番深刻思考，我认识到问题还是在自身，我并未真正地走进孩子的心里，他们还不信任我，走马观花式地频换班主任让孩子们找不到主心骨，他们缺少关爱，自由散漫，从而形成了今天的局面，这才是所有问题的根源。

用情"诊治" 以"爱"做药

俗语说："擒贼先擒王。"我先从胡菁祎开始，有个目标以后，我就时常观察他的言谈举止，也通过其他的老师和同学去了解他，渐渐地，我对他有了更深的认识。他的一些行为也会令我瞠目结舌：天气热的夏天，中午不吃饭，连续吃了9根冰糕最后导致拉肚子；上课随意说话走动，作业写不写全看心情；一件衣服连续穿十几天不换；宿舍里，一床厚厚的被子从家拿到学校就从未换洗过；说话声音大，稍不顺心就用武力解决；学生在暗地里都叫他"二傻"……通过一系列了解，我知道这些和他的家庭情况有关。解铃还须系铃人，我约见了他的父亲，通过跟胡菁祎父亲谈话，我的疑惑解开了。父母离异，亲妈不愿意要，亲爸不得不要，爸爸整日为生计奔波，无暇顾及孩子内心的想法，孩子生活在爱极度缺失的世界里，他的无助、委屈、痛苦又有谁可以体会。原来他不是别人眼中无法无天的"山寨王"，而是一个没人知冷暖的"可怜娃"。他不知道用什么样的方式和别人正常交流，因为父亲与他交流的方式是"打""骂"，除了提供生存所必需的，其他的什么也没教会孩子。找到"病因",我被极大的震撼,如果这是我的孩子,我还会一味地指责吗?会用厌烦的眼光来看待他吗?如果我现在把他放弃了,孩子可能就"完了"。我必须好好爱护他,用我的母爱去融化他那冰冷的心。于是上课的时候我有意识地提问他,他不屑一顾,以为我是在故意给他难堪,下课想找他聊天他就迅速撤离。既然他对学习还提不起兴趣,我就从他感兴趣的方面入手,他喜欢打篮球,在学校周六的篮球比赛中,我组织学生去当啦啦队,给我班篮球队员加油鼓劲儿,我带头呼喊他的名字,赛后在班里我表扬了他,我第一次看见他的眼睛里折射出一丝的感动和自豪,我知道那厚厚的冰山一角开始融化了。

我的政治公开课上,原来在课上积极响应的同学也因为紧张而不敢举手回答问题,课堂气氛有些尴尬,众目睽睽之下我正不知所措,胡菁祎在犹豫片刻后把手举了起来,并且很急切专注地看着我,当我们四目相对眼神碰撞的瞬间,我感受到他在理解我,渐渐向我靠近。他话音一落,刚才还用"怀疑人生"的眼神看着他的同学和老师们都报以热烈的掌声。课后为鼓励他课上的表现,我把他叫到办公室送给他一块巧克力作为奖励,他也很开心地接受了,第一次对我说了声"谢谢",最平常不过的语言却令我满眼泪花。也是从这节课后全校闻名的胡菁祎同学发生了转变,所有认识他的学生都说他变了,和原来不一样了。班里的学生说他开始知道学习了,回宿舍还背政治知识点呢!胡菁祎遇到什么事情也喜欢和我沟通,无论大事小情我都动之以情,晓之以理,引导他认识自己的不足,启发他尝试换不同的处理方式,然后选择一个最喜欢的方式进行事情的处理。随着时间的流逝,胡菁祎当上了我们112班的体委,在他的带领下,我们早操集合的速度也时常位居前列,听班里经常早操迟到的学生反映,胡菁祎每次早早起床,然后单独再一个个叫他们起床,陪他们去操场。学习上也很有起色,政治月考居然得了70多分,这个消息让大家都很震惊。胡菁祎更是成了我的小跟班,在私下偷偷喊我齐干妈。

让心倾听　柳暗花明

通过胡菁祎的转变，我感受到了小小的胜利的喜悦，也意识到解决问题的前提是找到问题的根结。以爱为基础去教导孩子找己之错，看人之优，于是我利用迁移原则在班级管理中乘胜追击，我把自己的心得感悟分享给学生，并以身作则。在班级管理上，我率先开展了自我反思和自我批评，用自己的行动得到了孩子们的信任和支持，学生们之间的矛盾也不需要我耗费大量的时间和精力去解决，遇事先说我不对，当满腹委屈牢骚的两个孩子发现了自己做得不对的地方后，态度也就变得温和，然后互相道歉，事情就可以轻松解决。侯瑞龙和董宇恒在操场打篮球，宇恒的右边的眼眶竟忽然黑紫了一片，眼角也有充血的现象。看到孩子的伤势，我既心疼又着急，看到我的神情，瑞龙走到我面前，很坚定地告诉我："老师，是我传球的时候没有注意，所以变成这样。老师，你不要着急，我传的球我负责，这事是怪我。"听到他的话我的眼睛湿润了，因为我的学生没有逃避问题，主动承担自己应有的责任，而且在遇到困难的时候还不忘来安慰我，这份情义真的让我很感动。天遂人愿，宇恒的伤势只是皮外伤，没有什么大碍，我们大家都松了一口气。患难见真情，这两个孩子的友情经得起磨难的考验，他们会变成一生的朋友，因为他们都懂得"行有不得，反求诸己"的道理，都有遇事先说我不对的胸襟和勇气。看到孩子们这么懂事，我也很欣慰。

在班会中我对他们这种做法进行表扬，对他们的态度给予肯定，对他们认真执行老师的"命令"的行为大大鼓励。随着时间的流逝，我和孩子们建立了深厚的友谊，我也体会到我当初接任这个班的决定是正确的。当一名被学生喜欢、信任的"老班"是幸福的，我所有的付出都是值得的。女生们有什么心事，就习惯趴在我的肩头轻轻地和我诉说，我不厌其烦地认真倾听。男生们不善于表达，但是当我从他们身边走过，他们都会大声地和我打招呼，生怕我听不到，我放下班主任的架子，回之同样的热情，利用课余时间和这些男子汉们开心地聊天。我们之间不再是原来的剑拔弩张，和谐的氛围笼罩在班级的每一个角落，大家都很自觉地遵守班里的各项规章制度，偶尔有个别违纪现象，稍加点拨，他们就可以认识到自己的问题，及时地改正。这一切可喜现象的出现我总结是爱的力量，是爱心让我走出焦头烂额的困境，是爱心让在冬日里见到春日的暖阳，是爱让我"重生"。

教育的本质是什么？雅斯贝尔斯说："教育的本质意味着一棵树摇动另一棵树，一朵云推动另一朵云，一个灵魂唤醒另一个灵魂。"教育不是灌输，不是管制，更不是威逼利诱，是一种思想影响另一种思想，是一种行为影响另一种行为，思想决定行动，所有的行动的背后需要你对学生深深的热爱。作为老师，我认为了解学生的思想认知，并用自己的思想和学生交融，唤醒他们深藏的"洪荒之力"，才是每个老师的终极目标。

作为一名教育工作者 我将孔子的"仁爱"的种子播撒在学生心里，我盼望着让它在学生心中生根发芽，长成参天大树，来抵挡孩子们在今后生活中所遇到的风霜雪雨，我愿意在今后的教学生涯中继续身体力行。我要用自己的言行影响每一个学生；我要用温暖的眼神来融化学生心中的痛楚；我要用自己的仁爱之心对待每一位学生。让我的学生们在漫漫的人生之路上用仁爱之心去迎接每一个属于他们的灿烂的明天。今天播撒"仁爱"的种子，慢慢期待它们生根发芽，明天，那一棵棵参天大树，就是一片片"爱"的田园。

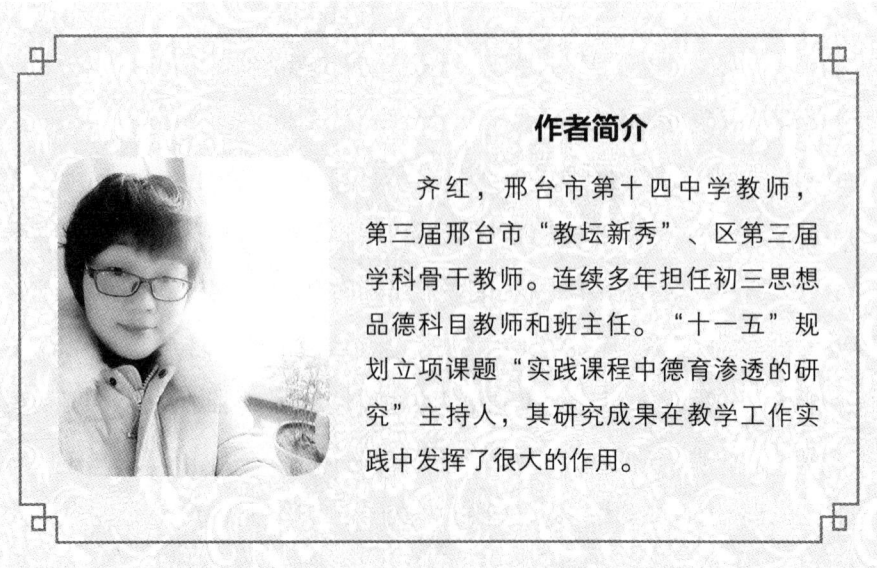

作者简介

齐红，邢台市第十四中学教师，第三届邢台市"教坛新秀"、区第三届学科骨干教师。连续多年担任初三思想品德科目教师和班主任。"十一五"规划立项课题"实践课程中德育渗透的研究"主持人，其研究成果在教学工作实践中发挥了很大的作用。

我与学生的情绪较量

【文章导读】

面对情绪不是压抑而是允许情绪自由，并让情绪流动起来。在处理好情绪后才能更清楚地看到行为背后真正的原因，从而平静理智地处理事情。人都是在错误中成长的，只要我们去感知、去体悟、去反思自己的人生，才会由不知不觉地掉进情绪成长到后知后觉地反思情绪，最后达到当知当觉地感知情绪。

从事教育工作已二十多年了，回忆教育中的点点滴滴，总有一些故事令我感动，总有一些记忆值得珍藏。在我的教育生涯中，我深深感悟到，知识是老师教给学生的，但心灵的成长却是相互的。

在我参加工作的最初时间，课堂纪律着实令我头疼。面对课堂上调皮的学生，我真的是不知道该如何下手，发怒就成了我的工作常态。我经常大声呵斥犯错的学生，只有这样我才能控制住学生，可总觉得哪里不对劲儿。每次感受到学生看我时畏缩的目光，想着课堂上死一般的沉寂，我都很困惑。之后班内转来的学生王子轩改变了我的"河东狮吼"。有一次王子轩和刘恒吵着走进我的办公室，我立马来气了，先是冲他们喊："闭嘴，站一边去！"然后我开始发飙："能不能让我省点儿心……"王子轩刚张口："老师，本来是……"我就开始暴怒："你还有理啊。"看着他不停翻白眼的样子，我更加来劲儿："翻什么白眼，不服怎么着……"直到我的气消了后，我沉着脸说："回去各写一份检查，把事情写清楚。"这时，王子轩声调坚定而且不畏惧地大声说道："不公平，我没错，凭什么让我写检查。老师，你不问青红皂白就训我们。你生气，我也生气。你训我，还不让我说话。"说着瞪着眼睛把头扭到一边。一语惊醒睡梦人，是啊，学生之间闹矛盾，学生也是很气愤的，老师看到后，老师也有了情绪，可在处理事情的过程中，老师会训斥学生、批评学生，释放自己的情绪，让自己的情绪流向学生，却不允许学生的情绪流向老师。顿时眼前出现了一幕幕场景，每当学生知道自己错了，向我承认错误，我却是一脸冷漠地说道："现在知道错了，晚了，早干什么去了。"学生委屈着哭诉时，我不屑地说："有什么好哭的，多大孩子了，这点儿委屈都受不了？"类似学生在表达自己情绪时，我都会给他堵回去。在教师培训中常提到一个观点是先处理情绪再处理事情，可我呢？只是不科学地处理了自己的情绪，把学生的情绪弃之一边。此时，我认识到了自己的错误，感到了内疚，心情也平静了。我说："听到王子轩这样说，我也感觉到老师只顾自己发火了，没有把注意力放在解决你们的事情上，老师给你们道歉。现在，你们俩谁先来说说。"王子轩反而对刘恒说："你先说吧。"在他们说清了自己的意图后，双方都明白了之间是有误会的。在处理了情绪后，解除了误会，两人开心地离开了办公室。但我却开始反思，想到自己经常发怒，学生们是敢怒不敢言，这都源于我只允许自己有情绪，不允许学生有情绪的结果。于是，允许学生情绪自由成了我当时的目标。那段时间，我甚至盼着学生有问题，我好在处理的过程中，练习我允许学生释放情绪的能力。

当我更多地允许别人情绪自由时，我发现我能平静地面对身边的人和事了。这不仅让我拥有了好的心态，而且改变了我的教育方法。有一次，给学校的混龄班学生上心理社团课，我让学生分组做沙盘，做沙盘的规定只允许按顺序摆沙具，不允许讲话，要等同学们都做完后谈自己的感受。但一年级的王淼却不停地在说话，于是，我让学生停下来，制定制度，同学们商定好第一次说话警告，第二次说话取消做沙盘资格。举手表决同意后，开始做沙盘游戏。结果王淼还是控制不住自己，给其他同学找事。我严肃警告他，并告知如果有第二次就会取消他做游戏的资格。可没过多长时间，他又开始给别的同学捣乱，这次我宣布了取消王淼的游戏资格。当轮到他去摆沙具时，我阻止了他，让他后边同学去摆沙具。这时，他开始撒泼，甚至躺在地上闹。要是以前我会罚站并放下一切去训斥他，现在我虽然心里不舒服，但还是提醒自己，王淼现在是因被取消游戏资格而闹情绪，我要允许他有情绪，所以我只是平静地看着他。过了一会儿，他爬起来捂着脸哭，我没有说话，走过去蹲在地上，用手揽住他，他没有挣扎，直到他停止了哭泣。其他同学继续着游戏，当沙具摆完大家分享自己感想时，有的同学分享了王淼不遵守规则，影响了自己……最后王淼举手也要发言："老师，我知道错了，以后我上课时要和他们一样按老师说的做。"通过这件事，我感觉到当学生犯错时，如果我们允许他有情绪的流动，不去指责批评他们，他们就不会想着办法去反击我们，不会把注意力用在抵触我们的情绪上，而是慢慢静下来，去反思自己的行为，从而成长。

当我感觉到能控制自己情绪后，学生逐渐和我亲密了，有什么话也敢和我交流了。有一年，我接了一个新班，班上学生祁策每节课都会在课堂上随意讲话，任课老师谁提到他都是无语，而老师们一般就是常规路线：罚站、交给班主任、出去等。有的老师给我提议，你刚接这个班，你应该厉害点儿，镇住他，否则你就再也管不住他了。我笑了笑，心里想等上课了以不变应万变吧，反正不会跟学生发怒了。开始他还挺好，但我第四天走进课堂时，他"旧病复发"了，在下边动动前桌，挠挠同桌，并找别人说话。开始我没理他，一会儿实在不像话了，我走向他，站在他前面，他直接站起来，眼睛也不看我说："老师你要罚我什么？"我看着他不说话，他突然又来了一句："老师，其实不管你罚什么，罚完了，我以后还是会再说话的。"我的第一反应是受到了指责，甚至受到了挑衅。差一点儿我就会说："你觉得我不会骂人是吗？"然后飙高分贝骂一顿，泄愤，结束。但这个念头瞬间消失，我要允许学生情绪自由，他想说什么就说吧。我的情绪稳了下来。静下来的我感觉到了他挑衅中的无助，看到他想改变而苦于找不到方法的无奈。我口气缓和地说："你对自己违反纪律，自己也没办法？""嗯，我试过，没有用。""上课的内容你懂了？"他摇了摇头。"你感觉内容枯燥让你不感兴趣？""不是。""你不喜欢我？或者我的讲课方式？""也不是。""你喜欢讲话时的感觉？"他停顿了一会儿然后点了点头。"你觉得有人听你说话，就有人关注你了，是吗？"他露出羞涩的表情，但很真诚地说："我喜欢被关注。""你感觉别人都不关注你？""……是的……在家里，没有人听我说话，爸妈只会叫我好好读书，不要惹事。妈妈跟我说不了两句就会吵起来。""你希望他们停下来，听听你讲讲自己的生活？""是的。"说着说着他开始哭泣。我扶住他的肩膀，给他一个排遣情绪的空间。一会儿他抬起头来说："老师，我能不能跟你有个小要求，你上课多给我回答一些问题，行吗？"我忽然看到了，他随意讲话是为了取得老师的关注，而且他自己也找到了想通过让我多提问他的方式去满足他这个心理要求。我自然也做到了提问他，并说服其他老师也多提问他。从此以后，在课堂上他再也没有出现随意讲话的情况了。这件事虽然过去了很久，但我始终忘不掉。是它让我懂得了学生每一种偏差行为背后一定会有其他的原因。在遇到学生的问题时，我们先让自己静下来，允许学生犯错，允许学生情绪自由，让情绪流动起来，处理完情绪后再去倾听他们的内心世界，我们就会找到孩子行为背后的真正原因。

在与学生的交往中，当我不再与他们斗智斗勇，而是真诚与他们相处时，我也在不断改正自己的问题，学会了控制情绪，不断提升自身的修养。我由衷地感谢我的学生，是他们一次次的调皮，给我搭建了一次次提升的平台。让我由后知后觉地感觉到自己的情绪，到当知当觉地感受到自己的情绪，从而去接纳自己的情绪，做自己情绪的主人。拥有了平静面对问题的能力后，我又学会了深层次地去了解学生的内心世界，寻找学生行为背后的需求，从而去满足他们。教育不仅是学生的成长，更是教师再次成长的机会。

作者简介

王丽霞，邢台市达活泉小学副校长、国家二级心理咨询师、国家高级家庭教育指导师，邢台市、区家庭教育讲师团讲师，家庭教育先进工作者，邢台市施行《国家体育锻炼标准》先进工作者，邢台市支持少先队工作的好校长。案例《走上舞台，突破自我》在邢台市"学校心理健康教育实例"评比中获奖，并在《河北教育》上发表。《激发孩子的学习兴趣》在河北省家长学校优质课评比中获奖。

永不消失的幸福波

【文章导读】

"落红不是无情物，化作春泥更护花。""一支粉笔，写尽古往今来；两袖清风，堪称清正廉明。"我怀着对老师的赞誉，走上了三尺讲台。在教学生涯中例行"三心"：对自己拥有一颗平凡心，对工作要有一颗事业心，对学生拥有一颗责任心。这"三心"引领我用自己的知识、智慧、情感和行动追求着我的梦想。

我常常思考，什么是幸福呢？不同的人有不同的理解。即使相同的生活情境，在不同人眼里也会有不同的感受。我认为，幸福是一种感觉，是一种心态，是可以通过自己的努力获得的。由此，我开始寻求我的职业幸福感。

初为人师的幸福

在1993年9月，一个个子小，脾气急，说话直，爱笑的女孩带着对教育事业的热忱，对教师这一神圣职业的崇敬，雄心勃勃地走上那令人向往的三尺讲台。为了孩子们的幸福成长，家访、给生病的孩子补课都是家常便饭了，目的是不让一个孩子掉队。记得在郊区贾村任教时，一个冬天的下午，呼呼的北风席卷着鹅毛般的大雪，马路上几乎没有行人。放学铃声响了，地面的积雪已经10厘米厚了，师生都纷纷回家了。此时此景，我是坚持着去给她补课还是直接回家呢？我处于矛盾的境地。如果我不去给她补课，家长、孩子都应该理解吧？如果我不去，提前又不给家长、孩子说明，就这样随便不去有失教师的水准。我坚定地说："这不能，坚决不能做言而无信的人。"想到这里，我便和往常一样，拎着书本，顶着呼呼的北风，深一脚、浅一脚、滑一脚地向生病的学生吕志茹的家走去。我走到她家门口，然后轻轻地推开她家的大门，走进院子里便听见吕志茹给她妈妈说："妈妈，天这么冷，又下着大雪，老师不会来了吧？"她妈妈说："孩子，我也是这样想的，好好休息吧。"话音刚落，我便轻轻地推开她家的房门，躺在床上的吕志茹同学凝望着房门口，她看见我的到来，激动得热泪盈眶。我急忙走到她的床边，她紧紧地握住我的手，一头扎进我的怀里半天才说出话来："老师，你怎么来了！快坐下，暖暖手吧。今天不要补课了，外面还下着大雪，路又不好走，您早点儿回家吧。"我被她的几句贴心话语感动，安慰了几句后，又和往常一样开始了讲课……我回到家就已经很晚了。像这样的事不止一次，但是我从无怨言，反而很高兴，因为学生在我的辅导下，不但没有因为生病而掉队，还在期末考试中数学考了98分的好成绩。家长高兴极了，多次找到学校，找到校长说："我孩子的成绩没有落下来，孩子她很高兴，我们家长也高兴啊！这激励了孩子今后学习的信心啊。另外，老师这种风雨无阻地到家辅导学生的工作作风直接影响着孩子，咱们学校有这样的好老师值得称赞。"得到了学生和家长的夸赞，我的脸上露出了欣慰的笑容。说句实话，我当老师活得很充实，很幸福。

不知不觉十年过去了，我依然坚持着教数学课，并兼任班主任工作。就这样同学生一起学习，一起游戏，一起劳动，一起为班级争光的班级氛围逐渐形成。不知什么时候，大家一见到我来了就喊："'女神'来了。"

我是"女神"

"女神"这个称谓要从一件事说起，这件事情看上去似乎很平常，可仔细想想，其实又蕴含着不平常。

我的搭班语文老师陈老师，她年长我十岁有余，教学经验丰富，管理班级很有方法，是我崇拜的老师之一。有一天下午，我们办公室的老师都在伏案工作着。陈老师正在批改学生的作文，她批得很专注，圈圈点点布满每个学生的文章中，大约快批完的时候，陈老师不时地停一停笔，抬一抬头，微微点点头，微微笑一笑。我在余光中看到陈老师这样的表情还是头一次，顿时心中产生疑虑，她今天怎么这么反常呢？我便小声地问陈老师："是不是家里有什么喜事了？说来让大家高兴高兴。"陈老师抬起头对我说："建红啊，你在咱们学生心目中成了大家崇拜的偶像了。"听完这句话，我的脸顿时就热了，真让我丈二和尚摸不着头脑。我想问："好端端的你怎么说出一句这样的话呀？"可是，我没有说出口，又不好意思多问，就微微撇嘴一笑，过去了。

陈老师说的话就这样过去吗？不，我真的想知道学生眼中的我是什么样子。于是，在当天下午放学后，我在办公室假装翻阅资料，等其他老师都走了以后，我独自一人开始"偷偷"翻阅学生的作文。

我先看了班级的学习委员牛春艳同学的作文，她在文中写了这样一段：老师，我有很多与您相似的地方，个子不高，脾气急，做事雷厉风行，说到做到，从不拖泥带水。比如周四下午班级卫生大扫除，咱们班共分五个小组，每个小组分了不同的任务，责任到组，组长负责。要求半个小时内完成，学校检查不能有一点儿不好。就这两点足以让大家齐心协力为班级争得荣誉了。咱们班在学校卫生评比中一直都是第一，而且后来大家用时越来越短了。老师，我们在您的带领下，这种追求高效的工作状态，在学习中给我以很大的启发，我感受到学习也要像班级安排劳动一样，要有计划，尽量缩短时间，提高学习效率。这样，我有了攻克难题的时间。感谢您教会了我提高学习效率的方法！

班里学习成绩不太好的学生胡文虎写了这样一段：老师对我们的学习习惯要求非常严格，安排的作业第二天一早都会逐项检查，从来没有遗漏。如果我们上课时说话，不仅会批评我们，当天作业还会增加一项以作惩罚，课上说话的同学一个都没有放过，这就是严厉的胡老师。就是这样的老师让我这个经常不及格的学生，现在考到了85分以上。家长对我的学习成绩感到很欣慰。

班里一个胆子比较小的女生王小磊同学这样写：我的改变从一次举手回答问

题开始，我清楚地记得您刚接我们班的第一天，那时我还是一个不善言辞的学生，看着别的同学上课踊跃地回答问题，我羡慕不已。我多次尝试把手举起来，可是手偏偏和我作对，就是不敢举。第一次，您给我们上课的时候，我的心情真可谓是"十五吊桶打水——七上八下"。您让我回答问题，我支支吾吾地回答完问题，低头等待您的批评。您却微笑地对我说："回答得不错，以后声音洪亮一些就更好了。"短短的一句话，让我充满了信心，从此我便大胆举手回答问题了。是胡老师改变了我，给我鼓励和勇气，我是不会忘记我们最尊敬的胡老师的！

还有一个上课爱说话的陈延景同学写道：我眼中的老师很可敬，但也有可恨的时候，我承认，我们都爱讲话，老师在上边开大会我们在下边开小会，在班级里好不容易找了个所谓的"知己"，就因为唠了几句话就快被活生生给"拆散"了。可是，老师也有搞笑的时候，空闲时总是给我们讲几篇笑话，即便有的同学不想听倒泼冷水，她也只是一笑而过。她严肃起来的时候全班没人敢出声，一提问题大家都争先恐后地举起手。我深深地感到您为我们付出得太多太多，为我们准备复习资料，做错题分析、归类，辛苦收集举一反三的习题，总结做题最捷径的公式、口诀和儿歌，您是一位尽职尽责的老师。因此，我们班的成绩一直名列前茅。同学们私下都称呼老师是"女神"。

从此，"女神"这个名词不知不觉地就成了我的代名词了。

是啊！有了这样个称谓又有什么理由不好好教书育人呢？我觉得我的幸福在路上！

作者简介

胡建红，邢台市幸福源小学教师，邢台市学科名师，邢台市教学标兵，曾荣获区先进个人，优秀教师，巾帼教学标兵，爱岗敬业标兵，双十佳教育工作者，在区数学工作室工作期间被评为市级优秀教师称号。多次指导学生获奥林匹克等奖项，多次在市、区级优质课评比活动中获奖。撰写的多篇论文在不同级别的刊物发表；"十五"教育科研课题主持人，参与"十一五""十二五"教育科研课题。

刚好遇见你——课堂中的微改变

【文章导读】

刚好遇见你——为我引路起航的更多个"你"，你们将是我人生中的指明灯，陪伴我一路前行，因为刚好遇见你，留下足迹才美丽；因为刚好遇见你，一次尝试、一些微改变，坚持做下去，留下十年的期许，如果再相遇，我想我会遇到更好的自己！

德国哲学家雅斯贝尔斯说过："教育的本质意味着一棵树摇动另一棵树，一朵云推动另一朵云，一个灵魂唤醒另一个灵魂。"作为老师，我们就是那棵树，那朵云，那一个灵魂。我们需要做的就是摇动孩子们天真无邪的童年，推动孩子们走向健康成长的路，用自己真诚无私的灵魂唤醒孩子们渴望走向未来的灵魂。怀着这样的梦想，1996年，我从师范学校毕业，满怀喜悦与激动第一次踏上讲台，我知道，我选择的不仅仅是一个职业，更是令我魂牵梦萦的教育事业。在我内心深处，总有一种力量在推动着我，那就是作为一名人民教师的光荣与责任。

迷惘中的一束光

"老师，我知道你下一步会要求我们做什么了！"学生兴奋地说。"做什么？"我问。"该自己预习这一课了，该做这一课的题了……""知道了。""答对了。"面对学生们真诚的眼睛，我觉得我的课堂出问题了，没有了应该有的探究，没有了新的创意，更没有了激情，整个课堂都有了惯性了，孩子们也都有规律可循。我茫然了，我该怎么改变一下呢？在备课上我该怎么突破重难点，让孩子们能从玩儿中学到知识？我的教学理念是什么？我该怎么办？我觉得我的教学遇到了瓶颈，我感到很迷茫。

正在这时，我们胡家营学区要注入新的教学理念——生态教育。更令我惊喜的是：我们区教育局下大力度组建了名师工作站，以名师的直接指引来培养和提高我们的教师队伍的教学教研能力。2016年3月份，我有幸成为贲友林工作站第一批学员。非常感谢领导给予我的这一次宝贵的学习机会。它就像一束光，冲破了层层迷雾，照亮了我的心灵，给我指明了前进的道路。

真正见到贲老师，第一印象是他温文尔雅，文质彬彬。再听了贲老师的一堂点评课，我深深感到贲老师不愧是名师，点评到位、精准、站位高，是我们遥不可及的。尤其是听了贲老师自己的工作安排，每天都安排得满满的。再看到贲老师的每节课后都有自己的反思—思考—实践—再反思……这样循环往复地不断自我突破。我明白了谁都不是随随便便就能成功的，名师只有不断地积累才能打造出来，与贲老师相比，我更能感到自己的差距。

"你怎么还在看书呀！都感冒了，快休息！"随着老公的呵斥，他把我的书夺走了。"你在家能不能做点儿家务？我回家想吃口你做的饭菜都是奢望了！"老公着急地对我吼。"该接孩子了！你能去吗？好吧，我知道你要学习。"老公失望地对我说……

为了充实自己，我就像干渴的禾苗，遇到了滋润的雨露，拼命地读书、学习，甚至把自己的重心都转移到了学习上，如饥似渴地吸收养分。

"你怎么还没走？"老师们总是这样问我。"再等等，我要备课，明天要讲呢！""呀！学校都没人了，把我锁到学校里了！"这样的情况数不胜数。

每一次备课，我力求完善再完善，反复斟酌。对于我来说，每次备课都是一次挑战自我的过程。为此我需要自己不断去学习，去超越现在的自己。我尽量每天都把自己的收获写出来，保存起来，以见证我的成长。就连休息日，我也要不断地充实自己，努力做到最好。经常为学习新理念和写自己每天的感受，熬到晚上十一二点睡觉，也不觉得辛苦。甚至是感冒、发烧等身体不适，都不愿意中断自己的学习。就这样忙碌而又充实地学习再学习，不断自我突破，我明白谁都不会随随便便就能成功。"宝剑锋从磨砺出，梅花香自苦寒来。"虽然学习辛苦，但是我实实在在学到了东西，为我的课堂注入了新的活力。

我的改变

"老师，我们数学处处都在，在我们生活中的每一件事上！太神奇了！我爱数学！"孩子们下课后，纷纷围着我说。在备三年级上册的《数学广角——搭配》这一课的时候，怎样设计学案能更好让孩子们学习，怎样按照"以学为中心"的教学模式进行教学，是我要去进行反复思考和推敲的。如何突出搭配中的排列组合这一数学的本质？怎样实现与前面学的知识相关联？我查资料，并同更有经验的同事们探讨，我决定从孩子们的衣食住行入手。例如怎样搭配食物更有营养？怎样搭配衣服更漂亮？等等。这样的教学环节在课堂上的展现，更能调动起孩子们的学习兴趣。没想到，通过孩子们的反馈，我感到我的改变让课堂又活了过来。反思课堂，只要我们老师站在孩子的角度去多方面思考，搜集突出知识本质的好教学方法去授课，才能真正走进孩子的心灵，受到他们的喜爱。

在备四年级上册《商不变的规律》这一课时，我经过反复思考，从规律的基本面入手，让孩子们从简单的计算题中自己发现、探究规律，自己质疑、举例验证，并以"以不变应万变"这一《道德经》上的名句做最后文化的渗透，使得这一课有了一个完美的结束。听课的教师对我们的评价就是：谁说农村的孩子没有城市的孩子好？看看这些孩子们的表现，真比大城市的孩子一点儿也不差，甚至更好！

每一节课都是思考的课堂，思考怎样才能真正实现我们学区倡导的"变教为学"的教学理念：突出本质、实现关联、渗透文化。同时让孩子们提高兴趣，乐学，爱学。

学生的改变

在教人教版四年级数学上册第六单元《除数是两位数的除法》时，要学习商是两位数的除法。我设了这样的一个问题情景：我们学校共有316名学生，每18个人组成一个环保小组去七里河做环保工作。可以组成多少组？学生们都根据题意，分析是看316里面有几个18，就是分几组，所以用除法计算，并在自己本上列算式：316÷18=？

学生的认知水平是在商是一位数的除法基础上。有了这个认知基础，我就放手让学生自己试着计算。几分钟之后刘丁仰同学首先上讲台板书了（图1）。

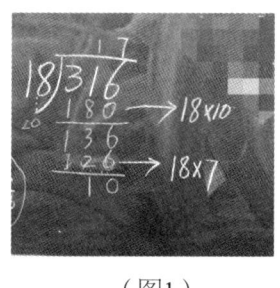
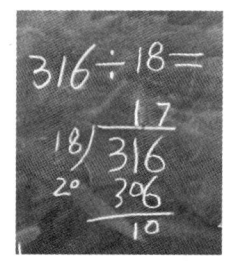

（图1）　　　　　（图2）

刚板书完，没等刘丁仰解释说明自己的想法时，刘钰桐就马上站出来了，说："我不同意他的书写方式，应该这样写。"自己主动上去板书（图2）。板书后，她指着板书说了每一步的过程。同学们看了她的板书，听了她的解释，都鼓掌。因为刘钰桐是个不爱学习的孩子，但这一次，她有这样的优秀表现，所以孩子们都给予她鼓励的掌声。

这时候，刘丁仰马上就反应过来了，说："老师，我知道错在哪里了，我只是在自己的本上计算了18×17=306，我没有把平均分的过程写下来。"同学们都点头称是。这样，有学生主动站出来说："通过刚才刘丁仰和刘钰桐的解题过程，我给大家一个这样的提醒，在我们计算数学题时，笔算是反映平均分的一个过程，这个过程很重要，千万不要省略掉。"

班长王冰洁站起来，说："我还有一种方法。"（图3）

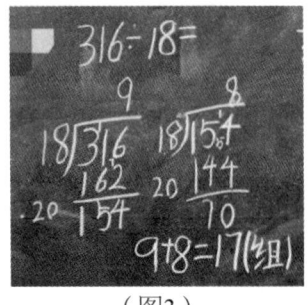

（图3）

写出来后，有学生就不明白了，问："为什么先商9，而不是10？"王冰洁说："因为我们还没有学习商是两位数的除法，所以先用9来试商，9是商是一位数中最大的数，看试商9后，还剩下几，再除以18，商是几，就让两个商加起来，就是这个被除数316除以18的商。"说完后，课堂一下子安静了下来，冷场了。

面对这样的解题思路，是我课前没有考虑到的。我没有先给予判断，而是不说，等着学生来说。时间在一点点流逝。

终于，学生们自己思考后，刘铭硕打破了课堂的宁静说："你这样也可以，不过太麻烦了，比如说我们算再大点儿的数987除以12的时候，用你的方法就太麻烦了，我们的数学就是怎样简便怎样来的，简便、快捷是我们尽量做到的。笔算除法就是为了我们计算快捷，你的方法太麻烦了。当然，你的算法也可以，也是对的。"

于是，我就顺着刘铭硕的话说："是啊，那咱们再计算一下刘铭硕说的987÷12，就用王冰洁的这种算法试一试，看看怎么样。"

学生们纷纷提笔计算，算着算着，都说："对是对，就是太麻烦了，不如我们今天学习的直接商在十位上简便。"

这一节课，王冰洁的解题想法是我没有想到的，是意料之外。

这堂课过去后，我就思考：怎样做到完全读懂学生，读懂学生的思想、思路、想法。使自己课堂中学生的表现有更多的惊喜，更多的"意料之外"。

贲友林老师在"友林说课"中给了我答案："教师不仅要关注学生的想法是什么，还要关注学生是怎样想的；教师关注的不能仅仅是学生的想法是对的，更应当关注学生的想法是不是真的，是不是学生自己的独立思考。如果是自己的思考，即便不完整甚至有错误掺杂其中，教师都应当给予充分的重视与尊重。"

到了学期末，开始了总复习。在复习人教版四年级第四单元《三位数乘两位数》时，遇到这样一道题：

5.有一条宽为 4 米的人行道，占地面积为480 平方米。为了方便人们行走，道路的宽度要增加到 12 米，长不变。问拓宽后这条人行道的面积是多少平方米。（请用两种方法解答。）（8 分）

（图4）

面对这样一道题，我们班的李飒楠（特别不爱思考的"懒"孩子）这么说："第一种方法是首先，480÷4=120（米）。然后，120×12=1440（平方米）。第二种方法是480÷4×12=1440（平方米）。"并且说出了自己思考的过程："先计算出长方形的长，因为长不变，宽增加到12米，所以拓宽后的人行道的面积是长乘宽等于120乘12等于1440平方米。"

马上就有同学提出这是一种思考方法，只不过一个是分步计算，一个是综合计算。同学们纷纷点头。

这时郭文韬同学说："可以这样思考。"他边说边画图，"长不变，宽从原来的4米增加到了12米，那么宽增加到了原来的几倍？用12除以4得出增加到了原来的3倍，那么就可以算出面积也由原来的480平方米增加到480乘3得1440平方米。所以算式就是：12÷4=3，480×3=1440（平方米）综合算式是480×（12÷4）。"

当郭文韬同学说完后，全班一下子冷场了，一片安静，我没有打破这种宁静。而是给足学生思考的时间。我就静静地等。

大约过了一分钟左右，夏皓琰站起来说："我根据刚才郭文韬同学的思考，给了我提示，我又有了一种计算方法，就是根据我们学习积的变化规律来计算。"她板演了这样的算式：

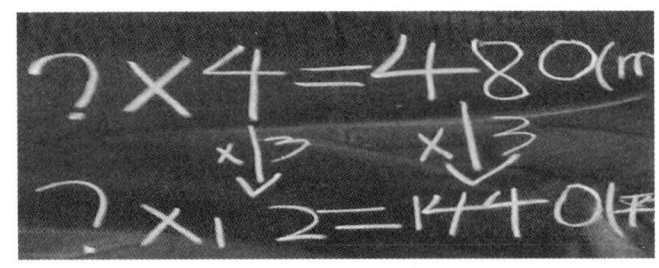

（图5）

并解释说："问号表示长方形的长，它是不变的，而宽由4米增加到12米，是乘了3，所以根据一个因数不变，另一个因数乘几，积也乘几，得出480×3=1440（平方米）。"

学生的思考，真是出乎我的意料，同时，也在情理之中。由于我有了上次的警醒，我准备充分，我不说，完全让学生自己放手去思考、去做、去辩证，我一堂课始终贯穿一个字"等"，"等"学生自己开动脑筋，把所有自己能想到的方法都努力想出来。从第一个李飒楠同学说出的最基础的计算方法，到郭文韬同学的由图形得出倍数的关系，再到夏皓琰同学的积的变化规律，我就胸有成竹地"等"，静等花开的时刻。

正如贲友林老师的"友林说课"中说的："课堂，不应当追求那种舞台演出的效果。课堂需要热烈的气氛，也需要静静思考的氛围，一切，要从有利于学生的学习出发。有一种需要，叫'冷场'，此时无声胜有声。"

学习到这儿了，学生们都开始自己说了："我们会举一反三了！"。听着孩子们兴高采烈地讨论，看着他们一张张笑脸，我觉得，我们都在一点点地改变着。像这样的例子有很多，几乎每天都在我的课堂上上演。

我在改变，学生在改变，课堂在改变，我的故事一直在上演，很多都在改变……

在我迷茫时，刚好遇见你——贲友林老师！感恩有你！在我前进的道路上，相信我会遇到更多个"贲老师"，为我拨开云雾，让我飞得更高、更远！

刚好遇见你——为我引路起航的更多个"你"，你们将是我人生中的指明灯，陪伴我一路前行，因为刚好遇见你，留下足迹才美丽；因为刚好遇见你，一次尝试，一些微改变，坚持做下去，留下十年的期许，如果再相遇，我想我会遇到更好的自己！

作者简介

陈兰，邢台市新兴路小学教师，胡家营学区数学学科带头人、"种子教师成长营"指导教师。区骨干教师，贲友林名师工作站学员。多次参加区说课和教学展示课活动。教学中勇于探索，敢于创新，突出本质，实现关联，渗透文化的"变教为学"，课堂教学深受学生喜爱。"变教为学"的教学理念如何更深入进行下去，如何真正做到尊重每个生命，尊重个体差异，让每个孩子都能投入到学习当中，让每个孩子都受到关注，让每个孩子都有进步，是她的研究方向。

我和孩子逛"庙会"

【文章导读】

"熙熙攘攘人如云，实用百货两边分，呼儿唤女上街去，农村庙会闹似春。"家长追寻儿时未尽的梦，孩子感受传统民俗的美，欢欢喜喜"逛庙会"！

2016年下半年，我在石家庄市第三幼儿园跟岗学习，他们的主题践行课程使我眼前一亮，呈现了新颖的教学理念和教学模式。他们每两个月一个主题活动，围绕主题活动开展践行课程。三幼主张让幼儿根据活动主题讨论活动方案，发现问题，再去解决问题。一切以幼儿为主，注重幼儿的自身发展。在组织开展主题践行课程的过程中，老师们的工作从"讲"和"教"变成了"看"和"帮"，这从根本上改变了"唯教师至上"的教育模式。不仅如此，通过寓教于乐，孩子们以轻松的姿态享受生活、热爱学习、勤于实践，从而推动和谐统一的家园共育模式，引领幼儿健康成长。

学习回来的时候，已经进入12月，我征得园长同意，在我们幼儿园组织了大班以"新年庙会"为主题的践行课程。

我们园有三个大班，我和另两个班的老师一起开始了紧张的准备活动。我们确定了这次新年活动分两个部分，一是形式多样的"文艺演出"，二是"逛庙会"。

我们召开家长会，向家长介绍组织新年活动的目的和方式。家长认为这种活动方式既能让孩子体验到过年的快乐，同时又学习了传统文化。家长们都很赞同，愿意配合我们一起筹备新年活动。有的家长对新年活动的安全细节提出了建议，有的家长推荐了新的游戏内容等，我们根据家长的意见，列出了活动内容和形式，并把活动列成表格张贴，供家长阅览。

我们让每一位幼儿参与活动设计，孩子们分工合作、积极参与，每个孩子的脸上都写满笑意。有的孩子愿意表演学过的歌曲，有的愿意表演自己的其他特长，有的希望有好吃的东西，还有的想玩新奇游戏、做智力测验、做手工、画画等。孩子们的建议使我们豁然开朗，我们和孩子们共同设计了新年活动方案。大一班的小朋友喜欢舞蹈，他们就在教师的指导下把平时学的各种律动编排成热情奔放的舞蹈；大二班的小朋友喜欢唱歌，他们就从自己会唱的歌曲中选择几首歌曲组成歌曲大联唱；大三班的小朋友们喜欢口才表演，他们用朗诵还有谜语游戏来助阵。"逛庙会"部分，根据孩子的年龄特点，以及本学期对幼儿各方面能力的培养目标，我们设计组织了以下庙会活动内容：在楼道挂满灯笼，供幼儿猜灯谜；在各班教室安排庙会卖场，如大一班"美食一条街"，其中包括饼干、比萨、糖葫芦、汤圆、草莓巧克力等美食；大二班"游戏天地"，包括串珠、套圈、掷飞镖、投篮球等游戏；大三班"艺术长廊"，有画脸谱、做沙画、做新年帽、创意豆画、泥工制作等。为了让活动更正式，孩子们还亲手绘制了精美的邀请卡送到家长手中，这些活动既满足了幼儿"玩"的欲望，又能使孩子们在欢乐的气氛中得到成长。经过两周的舞蹈、歌曲练习和手工制作，赶在新年的前三天，一切工作准备就绪了。

激动人心的一天终于来到了！

各个班级幼儿以及家长们有序进入并坐好。因为孩子们人人参与，幸福、快乐、期待洋溢在每个孩子的脸上，家长们也兴致勃勃地融入活动氛围，和孩子们一起享受快乐。

"熙熙攘攘人如云，实用百货两边分，呼儿唤女上街去，农村庙会闹似春。"活动开始前，一首《赶庙会》激发了大家的兴致，孩子们都非常想去体验中华民俗盛宴，家长们想去追寻儿时未尽的梦。

我们园长对此次主题活动作了简短介绍：庙会已列入非物质文化遗产，为了弘扬传统文化，幼儿园对"新年庙会"主题活动深入研讨，确立了庙会活动方案，针对幼儿园孩子的特点，利用这次主题践行活动，让孩子们了解中国的传统节日，让孩子们体验中国特有的民俗文化，理解庙会背后的文化底蕴，希望孩子们在尽情享受活动快乐的同时，培养孩子学会交往、谦让、分享等，为幼儿今后走向社会打下坚实的基础。

"新年庙会"主题践行活动，伴随着欢快的音乐拉开了帷幕。

看文艺演出喽！

小主持人们款款走上台，一个个神采奕奕、落落大方地主持活动，就像主持大家一样。表演开始后，小演员们认真做每一个动作，那范儿就如明星来临。台下的幼儿和家长认真观看，不肯放过每个精彩瞬间。

为了使现场观看秩序更好，每个班级还制定了自己独具特色的纪律和口号，形成了一道靓丽的景色。

整个表演过程是那么激动人心，家长们手机、相机齐上阵，唯恐漏下孩子每一个精彩瞬间。看到孩子们的成长，家长们既开心又激动，文艺演出在孩子们的精彩表演后圆满结束，演出得到家长们的一致好评。家长们把对老师和幼儿园的谢意写在了微笑的脸上。

逛庙会开始啦！

家长们和孩子们穿过挂满灯笼的楼道猜谜看花灯。庙会现场热闹红火，吆喝声、还价声、音乐声，声声入耳。"又大又甜的冰糖葫芦，好吃不上火，开胃又解馋。"顺着叫卖声，我看到一个可爱的小男孩。哦，他是小轩，吆喝得非常有味道。记得在准备庙会活动时，老师让他吆喝，他很害羞，连讲话都不敢大声，更别说叫卖了。为了帮他克服这一弱点，老师费了不少力气，鼓励加指导，没想到通过老师和孩子的共同努力，他现在能吆喝得这么专业！我走到糖葫芦摊前问："老板，冰糖葫芦多少钱一串呀？"小轩老板热情地说："2元钱一串，多买还有优惠。"我说："1元一串可以吗？"他说："小本生意，3元二串可以，1元一串不卖，太亏啦！"他真的有模有样，活脱脱一个小老板！我掏2元钱买了一串冰糖葫芦继续往前走。（儿童币是孩子们在绘画课上精心绘制的，可能没有那么精美，但是孩子们画得很用心，面值有1元、5元、10元等。）

咦？这里怎么围了这么多人？带着好奇心我走上前来，原来是要过新年了，人们都在买窗花。只见一个小女孩，坐在摊位前向大家道："这是年年有余，这是生肖鸡、这个是美丽的富贵花……"这个小女孩子我印象很深，白净的脸上，有一双大大的眼睛，做事追求完美，一有做不好的事情就哭鼻子。记得在剪纸活动时，她剪的小鱼有点儿瘦，可能是绘制时没画好。老师提醒她："要过年了，鱼长了一年都长大了。如果你剪的鱼再胖些就更喜庆更好看了。"她重新剪了一个，太瘦，又剪一个，还瘦，于是，就开始哭鼻子了。老师提示她："做得不好哭鼻子能解决问题吗？你想想你是哪里出问题了，是画瘦的，剪瘦的？想好了再去剪，肯定就好了。"听了老师的话，小女孩重新去做，这回把鱼剪得又胖又喜庆！今天看到她剪的鱼和花，真替她高兴。

庙会上的货品琳琅满目，吃的、喝的、玩的、用的应有尽有，货品全部都是出自孩子们的小手，有轻黏土捏成的，有彩色纸折的，还有自己剪的，等等。各式各样，惟妙惟肖。做工不是很精细，但是很有创意。小老板们有的热情地推销和介绍自己的商品，有的敞开嗓子吆喝，还有的把产品介绍改为脍炙人口的快板。部分幼儿和家长们充当游客和顾客，拿着儿童币讨价还价买自己心仪的物品。有的顾客甚至故意出状况难为小老板，有些小顾客还货比三家，不管是买主还是卖主每个人都很快乐。这次活动既提高了孩子们的语言交流能力，又锻炼了孩子们的应变能力，得到了家长们的充分肯定。世界是孩子们的，活动让孩子们自然而然地进入自己的世界。家长们也积极参与其中，享受孩子们带来的乐趣。

参与活动的孩子们学会的不仅仅是一段流利的吆喝语，当一次小老板或顾客，而是通过参与活动增长了见识、开阔了眼界，学会了团队配合，懂得了克服困难，更重要的是丰富了知识，学会了生活。

特色主题践行课程，让幼儿在践行中发展，在践行中成长。我也在不断学习的道路上和孩子们一起成长……

作者简介

　　郭红霞，邢台市南大郭小学幼儿园教师。她常把诙谐幽默的语言、夸张的肢体动作和儿童喜欢的唱歌、舞蹈融入教学活动中，让孩子们快乐学习，开心游戏。自制教具《摆的研究》在邢台市第16届优秀自制教具评选活动中获二等奖，设计教案多次在邢台市幼儿园活动方案创编评选中获奖。在国培计划培训中获"优秀学员"称号。

一千零一个愿望

【文章导读】

教师，对于一些人来说，或许只是一个光辉而圣洁的职业；而对于我来说，是职业，是梦想，是无数灿烂的愿望！弹指一挥间，我已为师二十载，风风雨雨、哭哭笑笑、赤橙黄绿、酸甜苦辣，那个调皮捣蛋的小皮猴子，那个战胜自我的小小男子汉……总是一波波地涌上心头。

心里有好多的梦想，未来正要开始闪闪发亮，就算天再高那又怎样，踮起脚尖，就更靠近阳光，许下我第一千零一个愿望，每一颗心都有一双翅膀，要勇往直前地飞翔，没有到不了的地方。

前几天，偶然翻到一张照片，是一张班级毕业照合影，思绪也随之回到了20多年前那初为人师的岁月。这是我的第一届学生，有着我一千零一个美好的愿望。

1996年，我从一所师范院校毕业，带着一腔的教学理论和满血的激情来到了一所普通小学。有时想想教学理论和实践的关系就如新手开车，你知道的开车技巧和交通规则再多，一旦上路这些都灰飞烟灭，完全不是那回事儿。

由于各种原因，入校不久我就"被"四（1）班班主任了。人生处处是选择，你选择别人的同时也被别人选择。一上讲台，看着下面乌压压乱哄哄的一片，头还真有些发晕，再细看，就嗅到了学生眼中的好奇和质疑。叽叽喳喳交头接耳的是胆小的女生，你来我往追逐打闹的是调皮的男生。

"安静！上课了！"

我的声音淹没在一片热闹中，没有一丝反响。再来一遍——

"安静！上课了！"

下面依旧乱哄哄一片，依旧没有一丝反响。

时间一点一点过去。我慌了，怎么办？脑子飞快转着，去办公室请老教师救场？不动声色静等他们自己停下来？敲桌子敲黑板？……

对，擒贼先擒王！年轻气盛的我走到两名打闹的学生跟前，一手一个，拽到讲台上来。

"说，叫什么名字？"

两个人漫不经心地看了我一眼，嘻嘻地笑着，压根儿没理我！

"叫什么名字？上课铃响了，为什么还打闹？"

两个人依旧漫不经心地看了我一眼，依旧嘻嘻地笑着，依旧压根儿没理我！

"我一个老师的尊严就这样被践踏着，哼哼，看我怎么治你们！"我心里咽不下这口气，直接把他们两个推到教室门外罚站去。教室内，我没精打采地应付完一节课。

下课回到办公室，搭班的语文张老师同情地看着我，"被学生气着了？那两个男生是咱们班最调皮捣蛋的，每一节课都在闹腾，没有安静听课的时候，谁都拿他们没有办法。"

其他几个同事也纷纷安慰我，"你刚工作，就接手这样一个乱班，不容易。""不能真生气啊，以后天天都得这样，习惯就好了。"……

接下来的几天，我渐渐了解到班里的情况：语文、数学老师都是一年换一个，非常频繁，导致班里纪律差，学生成绩不理想。上次期末考试平均分在年级排最后，和第一名差距将近10分。班里调皮的男生多，尤其是被我罚站的两个——李伟和代辉，胆子大，坏主意多，是公认的刺头儿。

面对这样的班级和学生，我真是心力交瘁。是胡乱支应一个学期，向领导摆困难换班级，还是直面现实，接受这个挑战？多年的学校教育和强烈的责任心驱使我选择了后者，作了这个选择之后，我给自己暗暗打气，"这点困难算什么，让暴风雨来得更猛烈些吧，我会像海燕一样去战斗！"

还是那句老话，"擒贼先擒王"，我很快了解到李伟和代辉的情况。李伟，一个被爷爷奶奶溺爱的小胖子，贪吃贪玩，爱打爱闹，自制力差。代辉，从老家转来不久，学习跟不上，普通话说不好，常常被同学们嘲笑，所以总用肢体动作代替语言。

我决定找个时间，先和他俩聊一聊。很快，机会来了。一次上体育课，我被体育路老师"请"到操场。

"石老师，看看你们班的李伟，仰卧起坐一个都起不来，还影响我上课，你把他领走吧！"

我向队伍中看去，浑身是肉的李伟，仰卧垫上一躺不起，时间到，当班长说"0"的时候，全班同学哄堂大笑！可是，李伟的表情我至今记忆犹新：隐忍、难堪、愤怒、厌恶……那一刹那，我的心，五味杂陈！

我把他带到教室，安慰他，鼓励他。一连几天，他都闷闷不乐，谁也不理，出奇的安静。后来的几节体育课，他总是以生病为由，在旁见习，端坐局外，甚至不去！我内心焦急，感觉这件事对他打击太大了。

怎么帮他？我苦苦思考应对的良策。趁着大课间，我和他深谈了一次："李伟，你那天被同学嘲笑了，对不起，孩子！"

他惊讶我的开场白，脸上的表情渐渐转晴，"老师，我……我……"我分明看到了他眼中打转的泪水。

"老师，我一定会……"他哽咽住了。

"你是我很重视的孩子，你很懂礼貌，我也很欣赏你。只要你很想很想，你一定会很好很好！"

"可是我这么胖……"他欲言又止。

"没关系的，天道酬勤！只要你积极参加体育训练，你一定会拥有魔鬼身材。"

他破涕而笑，我知道他冰冻的心融化了，于是我趁热打铁，专门和他制订了"个人体育成绩记录表"，让他每天回家练习，把每一次仰卧起坐的成绩记录下来，并设置了完成24个的目标。其实以他的体重和"0"的水平，我也很担心这"24"的挑战，可在后来的体育课上，他真的在进步，5、7、8……记得当他突破

10个的时候，他冲到办公室和我击掌，我在全班面前大大地表扬了他，同时送给他四个字"厚积薄发"。大家猜，这个小胖子有没有达成24的目标？

没错，他成功了，更难想象的是，这位小胖子居然只用了一个半月时间就达到了"24"的目标！学生们热烈的掌声和他灿烂的笑容，现在想来仍回味无穷。学期快结束的时候，他的仰卧起坐一分钟已经能够做到47个了！

我趁热打铁，让他明白遵守纪律也和仰卧起坐一样，只要坚持，就能有收获。经过这件事，李伟像变了一个人一样，听讲认真，劳动积极，关心同学，还被全票通过评为"三好学生"呢！

时间一天天过去，我的真诚和努力换来了班级的变化。代辉的变化我也看在眼里。

那是我在讲到折线统计图时，孩子们都很感兴趣，上课气氛异常热烈，问题抛出后，孩子们争先恐后地举起小手，而恰逢班级实行小组加分制，上课回答问题可以给自己的小组加分，总分第一的小组可以在周五的下午减免一些作业，于是孩子们回答问题的热情就更加地高涨了。

但在这一片热烈的氛围中，代辉就蜷缩在自己的座位上，每当我提出一个问题后，就低下头，好像生怕我会叫到他。不想回答问题？我偏偏要找你。

"代辉，这个问题你来回答。"

他慢慢地站了起来，头埋在胸前，用比蚊子大不了多少的声音回答，普通话现在倒是很标准了。

"这个可以用折线统计图来表示。"

"为什么？"

"因为要呈现增减变化的趋势。"

"代辉，行啊，有进步，下次也要这样，请坐。"他似乎没想到我会这样评价，一下抬起了头，双眼闪烁着，兴奋得脸都红了。

第二天的课堂上代辉一反常态，非常积极地回答问题，但水平有限，常常答错，有时甚至引得哄堂大笑。第三天、第四天依然如此。这对其他同学的学习实在是个不好的影响，我是不是该阻止他一下呢？我有点按捺不住了。下一节课上，他又举起了手，我看向他的方向，说道："各位同学要仔细思考后再回答问题，不能为了小组加分盲目地回答问题。"他应该意识到了我在说他，默默地放下了手，头又一次埋在了胸前。这节课，他很沉默。

接下来几天，代辉都很沉默，作业质量也开始下降。和张老师聊到这件事时，她说我还是太心急了，应该给他时间，应该讲究方法。

于是我找到代辉，和他约定，以后每次上课，我都一定提问他两次，问题的难度一定在他的能力范围内。他的眼睛一下子亮了，抬起头说道，"石老师，我一定能回答出来。"之后，代辉的成绩越来越好，纪律越来越好，成为我树起的一个榜样。

弹指一挥间，两年的时光匆匆而过。我从年轻气盛、意气用事、简单粗暴中，逐渐学会了尊重宽容、耐心等待、温婉细致。《你以为我没看见的时候》《开在佛桌上的花朵》等教育故事荡涤着我的心灵，帮助我从一个讲台菜鸟逐渐成为一名合格的小学老师，一名合格的班主任。

在毕业前的最后一次班会上，我让学生写下他们的愿望：成绩超棒的袁菲想当科学家；喜欢玩拼图积木的张鹏要当建筑工程师；李丹想做老师；郑雷要做医生；李伟立志做一名出色的厨师；代辉想去开飞机……

我和学生们一起，许下我们第一千零一个愿望，要知道，每一颗心都有一双翅膀，要勇往直前地飞翔，没有到不了的地方。

作者简介

石立芳，邢台市中兴路小学教师。教学风格亲切自然，理性细腻，主要研究方向为积极情感与学生发展的关系。多次获优质课、教育科研、国家级、省级论文市级一等奖；参加九项省市级课题并顺利结题，指导青年教师作课多次获得市区级奖励。先后荣获邢台市"最美教师"、区优秀教师、区"巾帼建功"标兵、区"学科名师"等称号。

存养・省察

省察是有事时存养，存养是无事时省察。静处体悟，事事磨炼，保存本心，培养善性，"君子博学而日参省乎己"，时刻检查反省自己。

有这样一群教育人，在教育的细节中绽放美丽，心要跟爱一起走，心系学生，反思成长，活出了精彩，活出了自我，在前行中遇到了最美的自己。带着初心上路，奔向诗和远方……

爱，在教育的细节中展开

【文章导读】

"随风潜入夜，润物细无声"，从生活的细处入手定会收到极佳的效果，师爱要有智慧，用爱去滋润每一个孩子的心田，我们的教育不可能不成功。

这已经是她连续第三天没有交作业了。

这种情况在班里不是没有，但在她身上是第一次出现。她叫闫珍，成绩虽然不是特别优秀，却是非常努力学习的几个学生之一。上课的时候听课很专心，只是遇到我提问问题或者是找同学当堂演算的时候，她总是低着头，怕我叫到她。有时候为了特意锻炼她，把她叫起来，她涨红了脸，但多数的情况下是能做对的。

可这次，她已经连续三天没有交作业了。

我让课代表通知她到办公室来一趟。不多时，门外响起了不仔细听都听不到的报告声。

"进来！"

我其实是有些生气了，可想想她以前的表现，还是强压怒火，要求她说明没有交作业的情况。

她还只是低着头，不说话，手指交叉在腹前，右手大拇指在左手拇指的指甲盖上摩挲着，一句话也不说。

"到底是什么情况呢？以前你可是从来没有这样过呀！"

"不能跟老师说吗？"

她抬起头，又低下了。抬头的瞬间我看见她牙齿咬着下嘴唇，眼泪在眼眶里打转，可终究还是没有说出一句话。

看样子也问不出什么，只好先让她回教室了。

她肯定不会无缘无故不交作业的，肯定是遇到了什么事儿，却又不肯跟我说。

正面不行，只好另辟蹊径了。从班主任那儿打听来跟她最要好的同学，打算采取迂回的办法，了解一下她到底遭遇到了什么。可是，问了她的两个朋友，都说不知道她怎么了，只是感觉她有些不对劲儿，问她，她也不说，只是摇头。

问了问其他的科任老师，这两天留书面作业的科目，她都没有交。我感觉到这确实是有问题了，便和班主任老师沟通了一下，准备做一下家访。

可是，我们去的时候，家里没有人。她的家人应该是出去工作了吧，她家境不好，父母没有正式工作，挣个钱不容易，舍不得歇班儿，估摸着晚上会回来。班主任张老师是个女同志，晚上还要照顾孩子，我就跟她说，晚上你就不用来了，我自己来看看怎么回事儿，明天到学校再沟通吧。

吃过晚饭，我驱车再次往闫珍家赶，到了她家，依然吃了个闭门羹。等了约莫半个小时，也不见有人回来。看邻居家开着门，就去邻居家里打听打听。

原来是她的妈妈住院了，只说是在工地打工的时候受了伤，挺严重，具体情况邻居也不清楚。闫珍晚上和弟弟在邻村姥姥家住。

原来如此。怪不得这样的一个乖乖女，这两天不交作业，原来家里突遭变故。妈妈在医院里生死未卜，她又怎么能学得下去呢？

第二天，我把情况跟科任老师们交流了一下，大家纷纷建言献策。最后决定先去医院看看情况，然后再采取措施。

我们去的那天，闫珍的妈妈已经脱离了危险期，从重症病房转到了普通病房。她妈妈左臂骨折，需要恢复一段时间，说已经给家里打过电话报了平安。

我们几个悬着的心也放下了，既然已经转危为安了，孩子应该也可以安心学习了。

回到学校，把我们看到的情况跟闫珍说了一下，并且把几个老师凑的600元钱交到了她的手上，说到双休日了，让她买些营养品给妈妈送去。

她抬头看着我们，双眼噙满了泪花，还是一句话也没有说。

第二天，我们都收到了她的作业本，在本子里夹着一张小纸条：我替妈妈谢谢您！也谢谢您给我学习的动力和生活的希望！

那一刻，我心里五味杂陈。作为老师，其实也并没有做什么，只是尽了为人师者的爱与责任，在学生看来，却是给了她希望。我们细小的举动，可能就会影响他们的未来。

那天，我进行单元检测，在教室里，我没有什么事情，就从最右排的学生开始对《同步训练》进行抽查。在我打开一本《同步训练》检查时，突然从里面掉出来一张粉色纸条。我捡了起来看了一眼，上面写着——xxx：1314520一生一世我爱你……

这肯定是一个"情窦初开"的同学对仰慕对象的"真情表白"了。我笑了笑，原本打算课后再处理这件事情，没想到几个调皮的学生看见了。他们问："老师，那张纸条上面写了什么呀？"

这时，其他同学都把目光投向了我："上面写了什么呀？"

我说："没什么。"

"我知道，是情书！"一个调皮的男生脱口而出。

"老师，念念。"

"对，老师，念念，念念呀——"几个学生开始起哄了。

如果不念，恐怕这节课就上不下去了，卷子都做不完。

"好，那我就念给你们听。"我把纸条慢慢地展开了，瞥了一眼纸条的主人，她都要急哭了。

我就一本正经地高声念道："天才是百分之九十九的汗水加百分之一的灵感。——爱迪生。"

读完以后，我就把纸条折了起来，放进我的口袋里。

"老师，就这个？没写别的？"

"当然了。"我郑重地告诉他，"没有听过这句名言吗？这也是我的座右铭呢！"

我朝李欣看了一眼，发现她的脸一直红到了脖子，却没有刚才那么紧张了。

"继续做题吧。"我微笑着说。

第二天中午,她来到我的办公室里,低着头红着脸不敢说话。

"有什么事儿吗?"我明知故问道。

"老师……谢谢你……我……"李欣吞吞吐吐。

"你怎么了?"

"老师,那张纸条……是……我写的。"到最后,我几乎听不见她的声音了。

我笑着说:"在你们这个年龄段,男女同学之间相互有好感,这非常正常。因为你们的年龄到了青春期,但是你们毕竟还是孩子,现在的任务是学习,健康快乐地成长,我希望你把精力放在学习上,好好学习,提高自己的成绩,争取考一个理想的高中。今后你的路还很长,还会遇见很多优秀的人,你说是吗?"

她点了点头,眼里满是感激。

能让学生真正信服你,就不要当众让他出丑,留些尊严给他,就是多加了让他尊重你的砝码。

一节自习课上,给一位同学讲完一道函数题,接着在教室里面转着辅导。突然发现一些同学用异样的眼光看着我。还有的对我指指点点的,抿着嘴儿笑。

嗯?这是怎么了?我赶紧审视自己的穿戴,捋了捋头发,拽了拽衣角,故作镇定地继续背着手在教室里走动。

"老师,你的背上有一些改正贴……"一个女生忍不住开了口。

哦!原来是这样,肯定是哪个调皮鬼趁我不注意,把改正贴贴在我的后背上了。

我想了想,清了一下嗓子,说:"同学们,大家做题也累了,咱们休息一下,老师给你们讲个故事,好不好?"

"好——"学生们一个个都来了精神,眼里放光,撂下手中的笔,专心地看着我。

"话说在很久很久以前,一个越国人家里出现了很多老鼠。这些可恶的老鼠把家里存的粮食都快吃光了,还咬坏了衣服和被褥。为了捕鼠,这个人特地弄回一只擅于捕老鼠的猫。话说这只猫可是抓老鼠的能手,身形灵活还特别勤劳,只要老鼠出现，一下扑过去就得手了。可是这只猫啊还有一个爱好，那就是喜欢吃鸡，结果越国人家中的老鼠被捕光了，但鸡也所剩无几。他的儿子看着越来越少的鸡有些心疼，便想把吃鸡的猫弄走，但是他的父亲却说，祸害我们家的是老鼠不是鸡，老鼠偷我们的食物，咬坏我们的衣物，挖穿我们的墙壁，损害我们的家具，不除掉它们我们必将挨饿受冻，所以必须除掉它们！没有鸡大不了不吃罢了，离挨饿受冻还远着哩！可是把猫送走了，老鼠成灾，那就要大难临头了呀！"

讲完以后，教室里面很静，学生们显出意犹未尽的神情。我接着问："从这个故事里，你得到了什么启示呢？"

"老师，我的启示就是能干活的就吃得多……"大家都哄笑起来。

"老师老师，这个故事是不是告诉我们，世界上没有完美的事物？"

"嗯，有点儿意思了。同学们，刚才我给大家讲的故事，总结成一句话就是：金无足赤，人无完人。每个人都会有缺点，老师自然也不例外，刚才有同学给我贴上了改正贴，就是提醒老师要及时地改正缺点，不断进步。不过，我觉得如果提意见或者建议还是当面提，那样更好，大家说是不是啊？"

教室里响起热烈的掌声。

每个人都会做错事情，老师要有宽容的心。若心胸开阔，看学生就都是可爱的，便能由爱的心生发出爱的行动和语言。他们的恶作剧没有恶意，只要我们巧妙引导，便可以给他们上一堂精彩的哲理课。

十多年的工作经历，使我深深懂得，教育是爱的事业，师爱要有智慧，它不同于一般的爱，它高于母爱、大于友爱、胜于情爱。师爱是严与爱的结合，是理智科学的爱，是积极主动的爱。在平时工作中，最大的事就是用爱滋润每一个孩子的心田，用爱心和爱的智慧去教育每一名学生。

作者简介

　　郭代勇，邢台市信都区东户中学教师，多年来一直坚持在一线任教，并且担任班主任工作。教学成绩优秀，深得学生及家长的认可。2014年10月自制教具《勾股定理图证演示版》获邢台市二等奖，2014、2015年连续两年获区新闻宣传工作先进个人，2015年区师德师风考核获"优秀教师"称号。2016年12月被评为区第三届学科骨干教师。论文《浅谈中学数学课程对于学生能力的培养》在《学周刊》2012年第9期发表，并荣获论文征集活动一等奖。

遇见更好的"我"

【文章导读】

"不经历风雨，怎能见彩虹，没有人能随随便便成功。"幼教路上纵然有种种羁绊，依然热爱且享受着这份美好的事业。我相信风雨过后阳光会微笑，我相信明天会更美好，我相信我会遇见更好的"我"！

从事幼教工作已经五年了，我不知所措迷茫过，我伤心绝望失败过，我胆小紧张怯懦过，但让我刻骨铭心的是迷茫后那份柳暗花明的豁达与通透，是失败后卷土重来终成功的那种喜悦与激动，是怯懦后鼓足勇气大胆展现的那份自信与美好。

我明白了，我不会总是那么好，也不可能总是那么糟，我始终都是在变化着的。

在幼儿教育这条道路上，我接受每一个当下的我，在此基础上不断提升前进，享受进步与成长的快乐，努力遇见更好的"我"。

角色快速转变的"我"

2013年，我过五关斩六将，考上了向往已久的幼儿教师。9月份被分配到了区胡家营学区一幼，开始了幼教工作。

毕业后两年，我一直在教育培训机构工作，接触的是中小学生，现在来到幼儿园，我的工作对象变成了3—6岁的幼儿，内心非常忐忑，往日的自信全无。"这么小的孩子能听懂我的话吗？孩子们喜欢我吗？我能够组织好幼儿活动吗？"等等，众多疑问围绕着我。

如何转变我的角色，如何适应幼儿园工作，成了我需要攻克的第一个难题。

由于我的性格外向，脾气随和，刚到幼儿园那会儿感觉孩子们都蛮喜欢我的，这让我欣喜不已。也恰恰是由于我的好脾气，导致孩子们一点儿都不怕我。每次组织幼儿活动的时候，孩子们总是你一言我一语，自顾自地嗨，无论我说什么，他们根本不听，我大声喊，还是不听。平时如此，领导听课的时候也如此！我无法很好地把控活动，上课前的教学设计成了无用功，我的活动无法顺利开展，根本达不到预期的活动效果。

作为新老师，我经常听其他老师的课，看着他们的活动组织得那么成功，幼儿认真按照指令要求进行活动，课堂活动井井有条，好羡慕。想起在培训机构工作时，我的课堂秩序那么好，课堂效果那么佳，有的家长专门要进我的班，在这儿竟然被小毛孩子"欺负"，重重的挫败感笼罩着我，禁不住眼泪模糊。

我要回到原来的单位，离开这里！

当辞职信交到园长手里的时候，园长没有长篇大论给我讲道理，只是告诉我"冲动是魔鬼"，建议我给自己一点儿时间进行角色转变，还介绍魏老师帮助我。

魏老师比我年长5岁，她性格开朗，在欢声笑语中总能搞定一切。当我把自己的感受告诉她时，她哈哈大笑说道："你一米六五的个子，说3岁的孩子欺负你有人会信吗？你那天的课我听了，正想找你说一说。首先你要知道你班的孩子只有3岁，你把教中小学上课的风格搬过来，他们能接受吗？他们听不懂这么严谨的语言，哪里还有兴趣参与活动？所以他们就把注意力转移到别的地方了，课堂自然是吵闹杂乱的。"

魏老师短短几句话使我茅塞顿开，我抛开一切烦恼，开始研究孩子，转变自己。

我认真研究《3—6岁儿童学习与发展指南》，知道了需要根据小班幼儿年龄特点和发展需要来组织不同领域中的幼儿活动，还了解了幼儿活动以游戏为主，幼儿的有效注意力时间短，大概5—10分钟，以形象思维为主。

接下来的每一次活动我都全力准备，用公开课的标准来要求自己，为了在活动中抓住孩子们的兴趣和吸引孩子们的注意力，精心准备各个环节。

活动前做足准备：包括活动设计（设计新颖有趣多游戏），详案撰写（教师备好课使活动顺畅自然，并且注意在活动中要关注到全体幼儿，语言衔接幼儿化），教具制作（简单可爱、颜色鲜艳，吸引幼儿注意力，使幼儿积极投入活动），制定游戏规则（适合全体幼儿参与），提前渗透幼儿所需的物质准备和精神准备等。

活动中全面发挥：保持良好的精神面貌，仪态得体大方自然，肢体语言丰富，语速适中，语气语调听起来舒适；以幼儿为主体，教师巧妙引导，注意关注个别幼儿；活动中把控节奏，指令清晰明确，及时肯定鼓励幼儿，提高幼儿的活动积极性，争取达到良好的互动效果。

活动后总结反思：先自我反思优缺点是什么，思考不足的地方，下次怎么做会效果更好，然后请搭班教师给出建议，吸纳改进。

经过一段时间的自我提高，发现活动中幼儿和我配合得越来越默契，课堂秩序越来越有序，活动效果越来越好。

我又做了大胆的尝试，去同年级不同班组织活动，活动完及时反思。通过不断改善自我、提升自我，终于从中小学教师的角色转变为幼儿教师的角色。

我的转变得到了领导和同事们的一致好评。他们多次给我机会，一年的时间中，我在幼儿活动的不同领域多次呈现优秀公开课，包括语言活动"贪吃的小猪"，音乐活动"快乐波尔卡"，"青蛙音乐会"和美术活动"水果沙拉"等。由于我平时的课堂都以公开课标准呈现，准备这些公开课游刃有余，课堂因为准备充分，变得那么娴熟。

这一年，我懂得了遇到问题时少一些抱怨，多一些努力，终将遇见更好的我！

实现高效沟通的"我"

原本以为，我已经适应了快速而紧张的工作节奏，组织幼儿活动游刃有余，我应该是一名合格的幼儿教师了（自我感觉良好）。

然而一次离园时的沟通事件，给了我当头一棒，把我重重地敲醒了。

一名合格的幼儿教师，不仅要把教育活动组织好，使孩子在快乐中学习，还要善于同家长沟通，通过高效沟通实现家园共育。

而我的沟通能力又给了我当头一棒。

时光回归到三年前的一天。

离园时间，我组织幼儿有序排座点名离开。此时，小伟和小强正在嬉闹，小伟占了小强的座位，小强站在座位旁边。我忙于发离园卡，没有注意到这件事情。

这件事被站在窗外的小强爸爸看到了！他使劲儿拍击教室的玻璃窗，嘴里念念有词，我们还没反应过来，他又从家长队伍尾端冲进教室，指着我大声喊："什么老师啊，你没有看到我家孩子没有位置坐吗？他被这样欺负你也不管！"

我想道歉，告诉他我真的没注意到这件事情，但是他没等我开口，已经拉着小强气冲冲地走出了教室，小强也被吓哭了。

我傻傻站在教室，不知所措。当着全班家长的面，我被他这样责骂，既委屈又愤怒。

我平时对小强很好，在他身上没少付出。我的付出不被尊重和理解也就罢了，还换来这样的责骂，让我情何以堪。

我一时没有控制住，失声痛哭起来。门外的家长见此情景，重新站好队，熟悉的家长安慰我几句。孩子们像自己做错事似的，眼睛都盯着我，谁也不敢再说话。我强忍着委屈与愤怒把孩子们一个个送到家长的手上，怀着低落而沉重的心情，结束了一天的工作。

我硬着头皮站在门口迎接孩子们入园。我不知道小强爸爸会不会再送他过来，更不知道他来了之后我该如何面对。

终于，他们来了。让我意想不到的是小强爸爸主动跟我道了歉，还聊了很多：小强是家里独子，全家人都疼爱有加，甚至到了溺爱的地步，见不得小强受一丁点儿委屈；小强回家偶尔会说一些在学校发生的不愉快的事情，虽然小强家长没有跟老师沟通过，但家长已经对老师产生了不满情绪；网络上频频出现教师虐待幼儿的报道，小强爸爸对老师不信任。

听了小强爸爸的话我恍然大悟，原来是我平时的沟通不到位，有的家长主动问我关于幼儿的情况，我就会跟家长沟通，而有些家长平时不问我也就没说（小强家长就是平时没有沟通过的）。家长对幼儿在园情况不了解，更不了解教师如何对待幼儿。遇到问题自然就会对教师不信任、不理解。

我趁机跟小强爸爸沟通了小强的情况，也主动承认离园时间我站在门口忙着送幼儿，没有注意到站着等待的小强，希望以后有问题单独跟我沟通，以免对孩子产生不好的影响。

小强事件算是圆满解决了。

通过这件事，我深深认识到与家长沟通的重要性，平时主动沟通幼儿在园情况，遇到问题才能及时有效解决，大事化小，小事化无。教师和家长高效沟通，家长才能很好地配合教师的工作，才能更好地实现家园共育。

我开始在与家长沟通的问题上下功夫，不断向沟通能力强的老师请教，又通过网络、书籍来学习高效沟通的相关知识，并抓住机会尝试跟不同类型的家长沟通。渐渐地，我发现我的沟通技能有了很大的提高。

有一次硕硕入园时很开心，午睡时突然小声哭泣，我走到她身边，确定身体无恙之后我坐在床边悄悄询问缘由。原来是妈妈出差去了，硕硕害怕妈妈不再回来。我轻轻拍打着她的背，身体的接触使她对我信任有加。我答应帮她联系妈妈，了解妈妈回家的时间，她放心地睡着了。

硕硕爸爸来接她了，我告诉了他孩子的担心，和他商量如何帮助硕硕，我们决定分头行动。

爸爸在家好好照顾硕硕，晚上陪她入睡，让硕硕跟妈妈每天通电话，发起妈妈回家倒计时。

第二天上午，我开展了主题活动"妈妈出差了"。活动中，在我的引导下编成儿歌："妈妈出差我不怕，在家好好等妈妈，工作结束了，妈妈就回家。"我还有意识提问："现在，谁的妈妈出差了？"硕硕举手。我说："妈妈出差你怕不怕？"她说："我不害怕，妈妈工作完了就回家！"中午硕硕睡得那么甜，那么香。

初步品尝到主动与家长沟通的小小成就，促使我喜欢上了与家长沟通，我不断反思，不断实践，总结出要想实现高效沟通，必须做到六要：沟通要及时、对象要恰当、态度要真诚、方式要得当、目的要明确、内容要专业。

我还根据不同幼儿的性格特征和能力情况，把全班幼儿分成若干类，每天离园时会选择一类幼儿同幼儿家长集中沟通，让家长了解孩子的优点及不足；早晨入园时会同个别存在严重问题的幼儿家长沟通；日常还会不间断地使用电话、QQ、微信等网络沟通工具，每天在班级群发幼儿当天伙食和活动照片；在群里定期上传一些育儿知识，让家长科学正确地养育幼儿。

沟通时我把家长也分成两类，爸爸妈妈年龄和我相仿，把他们当作朋友一样，真诚相待；对爷爷奶奶除了应有的尊重，更是多了份平日里的细心关怀。

沟通时先说幼儿优点，再说幼儿不足；遇到问题，端正心态，先倾听，学会站在家长的角度考虑问题，理解家长爱子心切（孩子都是自己的好），再具有针对性地有效解决问题。

经过我的努力，终于遇见了高效沟通的"我"。

高效沟通产生了明显的效果，家长们对我信任肯定，遇事多了理解与体谅，班级工作开展得更加顺利了，工作轻松了很多，我每天都在开心快乐地工作着。

作为培训者的"我"

2016年，我在河北师范大学参加了为期50天的培训后，满载而归。

我们幼儿园安排我为园里老师做二级培训。我是幼儿园里的年轻教师，参加工作以来，从来没有做过培训。虽然我做了不少笔记，带回不少资料，培训期间也表现出色，但是给比我年纪大，比我经验丰富的教师做培训，还是蛮有压力的。

压力即动力，既然领导相信我，我又带来这么多新理念新知识，我必须要把它们呈现给大家。

精心准备不必说，肯定是尽了百分之二百的努力。

到了培训那天，我特意打扮了一番，估计当时是想让自己自信起来。尽管如此，上讲台前还是格外紧张，出了一身的汗。我做了一个深呼吸，走上讲台以后却出奇的镇静，我声情并茂，随着课件的变化侃侃而谈。

本次培训的主题为"做一个幸福的筑梦人"，我不就是一个幸福的筑梦人吗？

迈出了第一步，领导后来安排我负责园本培训工作。我都高高兴兴接了下来，感觉比较成功的主题有"培养幼儿养成良好习惯""如何实现与家长高效沟通"和"如何说课"。我能够感觉在培训准备工作中自身的成长，我很享受这份工作。

2016年我又受教师进修学校邀请，为新入职幼儿教师做了主题为"3—6岁儿童学习与发展指南"的讲座。

由于喜欢上了站讲台，我在内心偷偷埋下了一个大的梦想：我要博览群书，增长技能，练习语言表达，增长个人魅力，提高业务修养。将来能够成长为一名优秀的幼教讲师，能够在更大的讲台上给更多的同仁们传递所需，为幼教事业播撒爱与光！

继续遇见更好的"我"

有一句话一直被我牢牢记在心中：当你遇到你认为的所谓的困难与不公时，少一些抱怨，多一些努力吧。只有不断积累经验才能提升自己，才能成为你想要的那个自己。

是啊，解决了一个困难，我就会积累一份经验；战胜了一个挑战，我就会增长一份才干。在解决困难和战胜困难的过程中，所有的压力又会最大限度地挖掘出我的潜力，最终帮助我将潜力变成实力，成为我想要的那个自己。

在幼儿教育道路上我不断前进着，体验着进步与成长的快乐，努力成为一个幸福的幼教筑梦人，继续遇见更好的"我"！

作者简介

　　李志云，邢台市信都区胡家营学区第一幼儿园教师，教学中与孩子们相处像朋友般融洽亲密，课堂设计新颖且灵活巧妙，环环相扣衔接紧密，引导孩子由点到面，通过游戏活动，对简单的问题进行多层次渗透。致力于原生态游戏在幼儿园活动中的运用及策略和3—6岁幼儿习惯养成训练的研究。在国培计划学习中成绩突出，被评为学区教学工作"先进个人"和"优秀班主任"。

困惑·成长·前行

【文章导读】

时间不知疲倦地匆匆前行，堂前燕来燕去，不知不觉，参加工作已经20年了。于岁月中褪去了青涩与懵懂，多了一份成熟与坚韧。然而，当自我感觉经验越来越丰富的时候，站在三尺讲台的我却越来越困惑——如何才能更好地让学生爱上学习？如何更有效率地进行课堂教学？如何让孩子们更有学习的兴趣？……所以我珍惜每一次学习的机会，更感恩每一次成长的经历，这样的经历让我信心满满地前行……

我是一名普通的不能再普通的乡村英语教师。1998年8月，我走上讲台，开启了从教生涯。十几年来，在平凡的岗位上辛苦耕耘，没有轰轰烈烈的事迹，没有熠熠生辉的光环。但是我喜欢教书育人的工作，也喜欢质朴可爱的学生们。

年复一年，日复一日，重复着从初一到初三的循环，没有几个轮回，我便从一个新入职的教师，成长为一名挥洒自如、得心应手的"老"教师。初中学段的重点、难点、考点都摸得一清二楚，所带班级成绩优异。

正当我因经验丰富而沾沾自喜的时候，一件事情却让我备受打击。

一次，到十四中参加教研活动，观摩了一节英语课。年轻的上课教师新颖的教法让我耳目一新。她的教学理念十分先进，课堂气氛活跃，效率很高。多数学生通过课堂学习，在词汇积累、口语会话等方面都能有所提高。

评课的时候，在场的名师、教研员对这堂课给予了高度评价。

彼时，想想我的课，简直有些黯然无光了，甚至连自信心都受到了打击。备课的时候，总觉得力不从心了。

我开始不停地反思自己，十来年，我埋头苦干，却不知道外面的世界已经发生了翻天覆地的变化。而我还把自己固锁在牢笼中，故步自封，教学模式基本没有什么变化，也很少近距离接触名家大师和先进的教学理念。虽从未停歇过继续教育学习，但难以有具体、系统的学习机会。

2016年6月的一天，机会来了。区进修学校给我们学校配备了河北师范大学国培置换培训的参训名额，下半年挑选乡村骨干教师分三批去河北师大参加培训。学校领导经过综合考虑，把我确立为参训教师之一。校长喊我去征求意见，我一听到这个消息，高兴极了，朝思暮想的培训机会居然这么快就来临了。

可是，我看了一眼名单，不免心里有些顾虑了。同在一个单位的任教语文学科的爱人名字也赫然在列，而且，英语和语文都是第三批。我们两个都去培训，下半年就要上初三的儿子谁来照管？这可是儿子初中最关键的一年，他的学校学霸如云，竞争激烈，如果稍微松懈一些，恐怕成绩就会一落千丈。况且，他的穿戴吃喝一直由我来管，本想如果去培训的话把他托付给爱人，可是他也要去的，这叫我怎么放心。老人年纪也大了，身体都不是很好，需要我们照顾，可谓困难重重。但是，这么好的培训机会不要又不甘心……

我去办公室找他，他也不想放弃这么宝贵的学习机会，说还是回家以后听听老人孩子的意见再说吧。

晚上我们召开了家庭会议，经过商议，家中老小都同意我们去培训，说他们自己都可以照顾好自己，也会互相照顾的。孩子还保证不会落下学业，我和爱人才放心了，好在石家庄没多远，中间有时间就可以回来。实在不放心就多打电话多开视频。

就这样，我抓住了这次机会，开启了工作中第一次系统培训之旅。

在冬天一个暖暖的日子，我们收拾好行囊，踏上了北去的列车，来到了心心念念的河北师大，入住了国培大厦。

在这里，我认识了很多的人，聆听了许多陌生而熟悉的名家大师的讲座，接触了海量的新思想、新理论。

让我感受最深、最受教的还是去"影子学校"进行课例研修。

河北师大教师教育中心与石家庄几所中小学合作，参加国培的教师在经过一段时间的理论培训之后，便以小组形式分配到各个学校去。这些学校会选派教学骨干、名师来一对一、一对二的带教，因为我们跟学校的带教老师朝夕相处、如影随形，所以这些学校被称为"影子学校"，而我们国培学员在这期间就被称为"影子学员"。

在进行了几周理论培训之后，我们组被分到了石家庄二十二中进行课例研修。

于是，我们起大早、顶雾霾、冒严寒，开启了国培生活中最艰苦，也是最难忘的研修之旅。

我们几个被安排在学校的物理实验室里。我是极其怕冷的，就挑了暖气片旁边的座位。就在这不太美好的环境里，我们摊开书本，围坐在一起，激烈地讨论，在带教老师的指导之下，开始了课例研修。

以前在学校里的教研组活动，多是以听评课的形式来进行。但是效果不佳，听课、评课都抓不住重点，甚至流于形式，彼此都没有什么收获。

但是，我在影子学校接触到了新颖的教研模式——课例研修。这很好地解决了上述的问题，让校本教研变得实用、高效，参与者都大有收获。

我们"一课三研"的"靶子教师"（就是在课例研修中承担上课任务的老师）是我们组最年轻的刘昊源。他也是来自我们区的一名英语教师，刚参加工作不久，激情满满、斗志昂扬。

第一轮课前会议上，小刘老师说了一下自己的构思，我觉得整节课设计得挺好，从课堂活动到授课重难点都贴合了我们订立的研修主题。可是同组的其他学员还是提出了自己的改进意见，我听着也很有道理，再仔细地推敲这节课，感觉有些迷茫了，觉得后来组员提得很对，同时又觉得原来的设计很好。因为没有很成熟的意见，我只是作了认真的记录，并没有发表看法。

第一次听课，我就被小刘老师流利的课堂口语震惊了。整节课下来，基本没有用汉语，无论是讲授知识还是与学生交流全部是用英语完成。想想自己的英语课堂，中间的穿插全部是汉语，这虽然与生源成绩有些关系，但是自己不敢勇于尝试也是主要原因。

按照分工，我的课堂观察任务是"小组学习的有效性"。为了提高教学效率，老师在授课的时候往往采取分小组的形式来开展课堂活动。但是有些小组学习是没有什么太大效果的。所以我们这次研修中就加入了这一项，来探讨哪类小组活动是有效的，哪些是无效的。

要想完成好任务，首先要制作观察量表。

要从哪些方面进行观察呢？

结合我进行过的小组合作和学生们的课堂表现，我首先确立了大的方向：小组的主动讨论次数、讨论用时、班级汇报次数。但是我又觉得仅仅从这几个方面粗略观察又难以分析出小组讨论是否真正有效。于是，我就请教了我们的带教老师和学员老师们。在大家的帮助下，我最终完成了比较全面的观察量表。如下：

观察小组	第___小组		活动次数			次	总用时		分
小组活动情况	组内参与情况	班级汇报次数	主（被）动参与	是否明确要求	是否专注倾听	是否独立识记	合作意识		
							强	一般	差
组员1									
组员2									
组员3									
组员4									

听课的时候，我随机选取了一个小组进行观察。整个听课过程我除了观察小刘老师的授课情况，更主要的是观察该小组所有学生的课堂表现。在第一次课堂活动中，我所观察的小组成员表现得很积极，能主动参与活动并进行课堂汇报。

这节课小刘老师总共设计了三次小组研讨活动，观察对象表现都不错，只是在第二次活动的时候，有两个学生有走神的表现，持续一分钟左右，其余都表现良好，小组活动十分有效。

观察量表就像一把尺子，丈量了教师的教学行为和学生学习之间的联系。课后会议上，我结合我的观察量表及记录，综合了整节课小组讨论的有效性，并从这一角度出发，评价了这节课。

这样的评课，有理有据，从数据出发，结合各种记录来评价，自己底气足，其他成员听起来更是心服口服。

本来我觉得这节课已经很完美了，可是带教专家和带教老师却指出了其中的不足。他们从自己的教育实际出发，结合昊源的这节课，提出了宝贵的意见。

我们在带教专家和带教老师的提示之下，运用集体的智慧，深入挖掘潜力，对这节课又进行了大刀阔斧的修改。

就这样，经过第二轮和第三轮的课前会议、课中观察、课后反思和评价，所有成员都对研修主题有了深入的认识，对所提出的问题也都有了一定的解决方案。

正如指导老师所说的：课例研修教会教师有目标、有方法地研究教学，激发教师行为改进，增进教师实践智慧，提升教师研究能力。

国培结束以后，回到自己的工作岗位上，每每有听评课的活动，我便自觉地把国培期间进行课例研修的时候学到的观察方法运用其中。我还把这些方法跟同教研组的老师们讲解了一下，大家也都觉得课前设定角度、课中量表记录、课后有的放矢的评课，这样的校本教研很有效果，增强了参与感，避免了很多假大空的评价。

国培置换研修已经过去一段时间了，但是对我的影响还在持续，我时常翻看当时的笔记，阅读有关的书籍，努力地提升自己。我想，在这些理论和实践知识的武装之下，我一定会再接再厉，为我区的教育增光添彩！

作者简介

邵剑宏，邢台市信都区东户中学教师，讲课亲切自然，注重与学生平等交流、对话，教育如春雨，润物无声。曾获"国培计划（2016）"——河北农村中小学教师置换脱产研修项目中小学英语学科说课比赛一等奖，教学设计比赛二等奖，优秀学员等。

班里来了个"小张飞"

【文章导读】

教育是心与心的交流，绝不是高高在上的训斥。放下老师的架子，走进学生的灵魂深处，与家长形成教育的合力，才能取得理想的效果。给学生一个机会就是给未来一份希望，老师何乐而不为呢？我愿做教育这棵参天大树的一片绿叶，奉献自己全部的青春和爱。

最近我们班转来一位新成员，他的名字叫张小飞（人送外号"小张飞"）。张小飞转校是因为在原来的学校里脾气暴躁，好打架斗殴，而且是打群架，多次严重违纪，原学校勒令退学。我倒吸了一口凉气，想不到班里会添了个定时炸弹。除了上课之外，我几乎每节课都要去班里转转。课余时间我从任课老师那里了解张小飞的表现，同时也从学生那了解情况，不定时和家长电话联系，也让班干部给予特殊"关照"（"观察"该生的一举一动）。刚转来的这段时间里该生表现不错，课堂上积极回答问题，作业能认真完成，书写也不错，并能团结同学，积极参加班集体各项活动，在一次运动会短跑比赛中还取得了第一名的好成绩。从学生中了解到小飞的人缘也比较好，也比较大气，每次有好吃的都是与同学们分着吃。可能是拿别人的手软，吃别人的嘴短，同学们都喜欢与他交往，在班级中很有号召力与影响力，很快和同学们打成一片，还有自己的"帮派"（几个孩子形影不离的），而且学习也不错，特别是他的数学和物理，在班里能排到前几名。经过一段时间观察，并没有发现可疑情况，我松了一口气，放松了对该生的警惕。

我和小飞的君子协议

可是好景不长，在我放松警惕没有多长时间后，就出现了可疑情况。教室里有股烟味（自己不抽烟，家里人不抽烟，办公室同事也不抽烟，所以对烟味比较敏感），顺着烟味寻找烟源，很快发现烟味是小飞身上传来的，当时苦于没有证据，没有揭穿他。如果没有足够的证据证明他抽烟，仅凭蛛丝马迹他死活都不会承认的。我在心里暗暗盘算，怎样才能尽快找到证据。我还和往常一样，每天去班里看看，从任课老师和班干部那里了解更多有价值的情况。我相信只要用心寻找，一定能找到证据的。我不仅在自己班安排了"密探"，还在其他的班里也安排了"密探"，启动全方位的"监视"模式。没过多久，就有了收获，从学生那里得到的消息，他不在学校抽烟，一般都是在校外或回家的路上抽烟。得知这一有价值的消息，窃喜之余，我让学生留意烟的来历，抽烟的大致时间，都是和谁在一起抽烟等。小飞回家时要经过菜市场，我每天下班都要去小飞经过的菜市场买菜。功夫不负有心人，终于在一次放学的路上让我逮个正着。他和同村的几个同学走在回家的路上，有说有笑的，他环顾了一下四周（好惊险，差一点儿我就被发现了，还好没有跟他跟得太近），没发现什么情况，认为比较安全，他就顺手从上衣内兜里摸出半盒香烟，分给其中几个人，又熟练地摸出打火机，点火，吸上。我等他们吸上以后开始抓捕行动。证据确凿，他无话可说。烟是他从家里带的，把他爸爸抽剩的半盒据为己有，他爸爸还不知道。我告诉他，吸烟不帅也不酷，吸烟也当不了大哥，吸烟并不时尚，不吸烟才是时尚，吸烟有害健康。根据学校的规定，这事是要通知家长的，并和学校签协议，并给予一次警告。他很害怕叫家长，因为家长对他也很"严"的，如果犯事了，轻则打骂，重则"经济制裁"。听说要叫家长，小飞一下慌了神，原来的神气头没有了，像泄了气的气球一样，听老师的训斥。

"这事需要你家长来学校一下。"我很严肃地说。

"可以不让家长来吗？我保证以后不抽了。"他弱弱地说。

"不可以，没有商量的余地，这是学校的规定。"我斩钉截铁地说。

"老师求求你了，我知道错了，我以后不抽了，还不行吗？"

看到他诚恳地求我，我有点儿心软，心想要不试一试，惩戒是把双刃剑，有时问题处理得不合适，会适得其反。人非圣贤，孰能无过。对特殊学生的错误，我们应有更多的宽容。小飞特爱面子，我想对他尝试别的教育方法。

"你怎么让老师相信你能按你说的去做？"

"我现在说什么你都不会相信，看我以后的行动吧。只要不叫家长，我以后一定听你的。"

这次我选择给他一次改过的机会，我允许他不叫家长，但前提是一定不能再吸烟了，同时还要做到以下要求：制订自己的下次考试的目标，并接受同学们和老师的监督。如果做不到，就直接通知家长。

我和家长有个密约

平平安安过了一段时间，在这段时间里确实没有发现张小飞吸烟，从"密探"那里了解的结果也比较理想。可喜的是他的成绩又进步了。

临近期末时，我又发现了异常现象，张小飞走路时一拐一拐的，我就问："你的腿怎么了，是不是摔伤了？""老师，我没事。"他支支吾吾地说。我知道再问也没有结果，我就问其他的学生，一问不要紧，还真有情况，据我的"密探"汇报，是和社会上的人打架打的。在原来的学校和别人打架时，受伤的总是对方，而这次是和社会青年打架，自己却受了伤。

张小飞自尊心强，趁办公室没有人的时候，我把小飞叫到办公室，单刀直入："你的腿怎么样？用什么打的？用不用看医生？"他一下子愣住了。

"我没事。"他说。

"我都知道了，这件事我必须通知你的家长。"

"老师，我真的没事。"

"不行，这种情况必须通知你的家长，以后如果落下个残疾怎么办？后悔都来不及。"

"老师求求你不要告诉我家长好不好？我真的没事，我已经看过医生了。"

"为什么？"

"我不想让家长为我担心，更害怕我爸爸打我。"他低下头说。

小飞也知道，对他，家长没有少操心。通过这一点也证明他还不是无药可救。

"但是这件事我必须告诉你家长，只要你认真反思自己，并保证以后不再和别人打架，专心学习，我保证家长不打你，但是我有个条件，你答应我先看医生，如果医生说没事，就没事。"

"好，但是我已经看过医生了，没事。"

"我不相信，这样，我带你去看医生，老师给你出钱拍个片，看看有事没，没事了就好。"

"我真的已经看过医生了，刘婷婷和我一起去的，不信，你问她。"经核实，小飞确实看过医生，没什么人事。"如果在校期间再有类似的事情发生，新账旧账一起算，并约法三章，在原来的约定上加上一条，不能和任何人打架，特别是社会小青年，有事可以先给老师说。"他很爽快地答应了我提的条件。

"看今后的表现了。"我有点儿担心地说。有前面的例子，我想他应该会从这件事中吸取教训的。

这一次，我没有像往常那样把家长请到学校来，而是利用假期进行家访。我说明了自己的来意，家长听后很着急。

"兔羔子，又闯祸了。"家长很着急地说。

"不是像你想象的那么糟糕。"我把事情的经过和我的处理意见告诉了家长，而且这次家访对孩子我也是有承诺的。

"我答应过孩子的，告诉你，你不能揍他，毕竟孩子大了，打孩子不一定是解决问题的最好方式，你先不要着急，前一段时间孩子还抽烟，让我抓个正着，孩子向我保证以后不再抽了，恳求我不要告诉你，我没有告诉你，后来的一段时间，还真没有发现他抽烟。这次我对孩子也是有承诺的，告诉你，但是你不能对孩子动用武力。你在家监督，我在学校监督，有什么情况，我们随时保持联系。"

"谢谢老师！小飞让您费心了。"

从此以后小飞像换了个人似的，课上回答问题更积极了，作业按时认真完成的同时还超额完成自己的预习作业，主动买了各科复习资料，问问题比原来也多了。值日也很用心，每节课上课前都把讲台桌收拾得干干净净的，粉笔整齐地放在粉笔盒里，以前教室地面上到处可见的粉笔头也不见了。我看在眼里，喜在心里，很庆幸自己当时处理问题没有那么武断。如果不慎重考虑问题，也许是另一种结果，小飞可能就破罐子破摔了。

期末考试前，小飞的爸爸突然来到学校。好意外，一般他不愿意来学校，更不会主动来学校。只有孩子闯祸了，他才被迫来学校，他认为来学校是件不光彩的事。小飞爸爸这次来学校是因为什么呢？我猜想着所有的可能。

"田老师好，好久没见了。"

"你好，有什么事？家里发现情况了？"俗话说，无事不登三宝殿，我第一反应是出事了，但是不知道是什么事。

"没有，没有，小飞在家很好。"他爸爸说，我悬着的心终于放下来了。

"没事就好，没事就好。"

"我这次来想给你说说小飞在家的情况。"

"早晨起床不是问题了，每天到点就起来了，自己叠自己的被子，还能把自己的卧室收拾干净。以前，他可是起床困难户，被子从不叠，桌子从不收拾，放学回家就坐到电脑前玩游戏，现在不玩了，也知道学习了。这得感谢老师！"

"不用感谢老师，教育好孩子是老师义不容辞的责任，应该感谢你自己，是你对老师的信任，才使孩子有了今天的进步。"

"如果当初没有听老师的，可能没有今天的进步。俺一个大老粗，没有文化，不会教育孩子，孩子不听话，就知道打。"

"一个孩子一个样。虽然我是老师，不同的孩子的教育方式也不能一样。小飞在学校也有很大的进步。"

毕业后小飞走上了社会。一次，他戴着帽子来学校看我。"把帽子摘掉。"我说。"老师，我没有和别人打架。""我是看看你的头发有多长。"其实，我们心照不宣。"工地上的人不好惹，我现在一般不找事了，能让则让，能忍则忍，吃亏是福。"我非常庆幸自己当时的决定，处理问题没有那么武断，否则会留下很大遗憾的。

青春期的男生往往叛逆性强，每次一有小冲突和口角就会激动，易怒，不太会理性控制自己，总想分个高低，自以为很厉害，也有耍帅等元素吧。

泰戈尔在诗中写道："花的事业是甜蜜的，果的事业是珍贵的，让我干叶的事业吧，因为它总是谦逊地低垂着它的绿荫。"带着对叶的事业的执着追求和向往，我愿奉献自己的青春和爱。

作者简介

田彦卿，邢台市第十四中学数学教师，邢台市学科名师，国培计划"明星学员"。在邢台市数学学科优质课教学评比中多次获奖，有多篇教育教学论文发表在国家级刊物上，《追求卓越的足迹——河北师范大学"国培"置换研修行思录》初中数学卷编者，多次参加邢台市教育科学规划立项课题研究。课堂教学幽默风趣、条理清楚、逻辑严密、高效实用。

活出自己的精彩

【文章导读】

人生就是一场长达百年的马拉松，50岁只走到一半，另一半的行程才是真正的人生。50岁的我继续在追梦的路上奔跑。

宋代诗人陆游诗云："人间五十年，自笑晚乃悟。"人活一世，幸福是一种感觉，每每走在校园里，我的内心都会涌动着幸福之感。我不求未来能有多少惊喜，唯愿我们的付出让孩子们能受益。人生什么时候奋斗都不晚，一定要活出自己的精彩！

病痛与抉择

人生就像抛物线，到了50岁体能开始下降，我虽不愿，却不得不承认自己"老"了。

最近这十年，我不仅是一名一线语文教师，一位忙碌的班主任，作为政教处主任的我还承担了学校许多事务性工作。因为教室在四层，政教处在一层，所以每天上上下下，不知道要跑多少趟。每个学生每天交两本作业，我要批改150多本，为了及时批改，我每天放学后都会走得很晚。学校的文化建设、学生管理、活动策划与实施、迎接各种检查都需要我参与，加班更是常事，在清冷的街道上，常常只有路灯陪我。由于腿部长期超负荷工作，我的身体严重透支，下肢静脉曲张非常严重，脚腕浮肿，疼痛憋胀，如果长期发展下去会出现下肢溃疡，控制不好就有截肢的危险，医生强烈建议我尽快手术。为了不耽误工作，我一拖再拖，直到2016年寒假才做了手术。50岁的我真真切切地感觉到力不从心，身体也虚弱到了极点。女儿心目中的"女超人"、同事口中的"铁人"再也没了强健的身体。

在家休养的日子里，心情如雾霾天气，阴沉灰暗。白天爱人上班，女儿远在国外求学，我就一人在家静静地待着。每天看看电视，刷刷手机，看看书，躺一会儿，坐一会儿，百无聊赖地打发日子。天气好时到公园里走一走，看到的是一群群老头、老太太在聊天、活动，我突然意识到再过几年，我退休之后就是这样的生活。我开始思考我今后的生活该如何过，是就此混几年退休呢？还是尽自己所能，不忘初心再为郭守敬小学做几年贡献？在我心目中，郭守敬小学就是一个孩子，我看着她由无到有，由小到大，由弱到强，再到今天享誉全市。上下班时间，我常常站在家中阳台上，看到楼下马路上川流不息的人们在急匆匆地带着孩子上下学，我内心热切地盼着早日回到课堂。作为一位妈妈，我以什么姿态去引领孩子的成长，我希望我是孩子心目中积极向上、充满正能量的妈妈。董卿曾说过："你希望孩子成为什么样的人，很简单，你去做一个什么样的人。"我希望用我的行动去影响女儿，使她无论是求学还是工作，都是一个积极向上、遇到困难勇于面对的人。那段时间，我的身体和思想一直在斗争，心情一直在纠结之中。

我一直把自己形容是在高速路上行驶的汽车，一旦闲暇心里就会有些不适应。在家休息不到两个月，我主动要求上班了。

休整后再出发

有人说："人生就是一场长达百年的马拉松，50岁只走到一半，另一半的行程才是真正的人生。"所以，我决定继续在追梦的路上奔跑。

回到学校，我的生命像得到重生一样，与领导开玩笑地说："我的身体进'4S店'维修保养了一下，又可以在高速路上行驶了。"当时国家二胎政策放开，学校有几位教师休产假，极度缺人，我就主动请缨上班，双腿打着绷带又站在讲台上了。此时，伤口还未愈合好，腿部隐隐作痛，一节课下来下肢又酸又沉、酸胀麻木，课间我把腿抬高一些，放到凳子上缓解一下，上课了又站在讲台上。再苦再累，与学生在一起心里就踏实、快乐。期间，我常常与青年教师一起听课、磨课，探索高效课堂教学模式。还积极参加语文主题学习、游戏化教学活动，率先在自己班级进行游戏化教学改革，利用舞台剧、演讲比赛、故事大赛等方式激发学生的学习兴趣，与学生一起设计活动方案、做道具，让学生体验活动过程。高效新颖的课堂教学模式，深受学生的喜爱和家长的认可。

在教育教学中我对自己严格要求，为提高自己的教育教学水平，我主动要求外出培训。2017年12月至2018年3月，我在河北师大参加"国培计划"——2017河北省中小学班主任教师培训者研修项目培训。培训期间，我年龄最长，每天到教室最早，上课听讲最认真，笔记记得最多，与专家互动最积极。我还积极参与各种活动，特色班级论文荣获一等奖，被评为"优秀学员"。返岗后，我把所学的方法运用到教育教学中，提高班级管理水平，还为全校教师进行培训，把先进的教育理念传达给广大教师。

我的心里不但装着一个班的学生，更装着全校的学生。为了让学生了解花园里的植物，我利用业余时间查阅大量资料，走访园林专家，给20余种树木挂牌。每当在花园里看到孩子们驻足凝望，我的内心深感多日的辛勤付出是值得的！

为了办好已连续举办两年的迎"六一"科技创客营活动，活动前一个月，我就开始着手此项工作，利用晚上时间把活动方案修改了一次又一次，活动幕布的设计、制作以及舞台搭建我亲自负责。为做好每一个细节，活动前十多天，我和学校领导、政教处人员每天晚上加班到10点之后。活动前一天晚上，回到家凌晨1点多了。创客营当天，看到全校2000多名学生快乐地参与、体验，深感自己多日的辛勤付出是值得的。

做好学生的知心人

从当年的风华正茂到现在的两鬓斑白，我送走了十届毕业生，所教学生1500余人，在我的学生中不乏品学兼优的孩子，考上985、211大学的孩子约50余人，上一本线300余人，其中有20名学生出国留学。也有特殊家庭、学习一般的孩子，但我始终坚持"不抛弃、不放弃"的精神，让每一个孩子快乐成长。

我班赵同学是离异再婚家庭，因家庭琐事父母经常吵架、甚至打架，一有矛盾就拿孩子出气。了解到这些情况后，我经常在学习和生活上去关爱他。一天，赵同学交给我一封信，上面写着："张老师，请允许我叫您一声妈妈，快救救我吧！"我把孩子紧紧搂在怀里，说："孩子别怕，发生什么事儿了？"从孩子哽咽的叙述中我了解到，原来赵同学父母又一次吵架升级，双双离家出走，把孩子一人丢在家中，孩子已经在饥饿和惊恐中度过了一夜。我听后惊呆了，马上与家长取得联系。通过多次家访与其父母沟通，原本剑拔弩张的关系被我的真挚打动了，孩子的父母认识到各自只在意自己的感受，忽视了孩子内心情感需求，深感对不起孩子。我又看到了赵同学脸上露出阳光般灿烂的笑容。在工作中，我用"与人为善"的爱心和"持之以恒"的耐心，对每一个学生作针对性的指导，使他们成为最好的自己，永远做学生的知心人。

活出自己的样子

宋代诗人陆游诗云："人间五十年，自笑晚乃悟。"人活一世，幸福是一种感觉，每每走在校园里我的内心都涌动着幸福之感。看着学校甬路旁我亲手种下的一棵棵梧桐树都已成为参天大树，花园里我亲手浇灌的月季已枝繁叶茂，听着校园里我亲手平整过的操场上孩子们追逐嬉戏的欢笑声，心里想着课堂上我亲手带过的一届届学生已经成为社会有用之才。我真的很庆幸，我见证了郭守敬小学建校25年的变化，也收获了属于自己的职业幸福。更加令我骄傲的是2017年教师节前夕，我被评为"邢台市从教30年优秀教师"，受到时任市委书记王会勇、市长董晓宇等领导的接见，我的教育故事还被刊登在《邢台日报》上，这一年，我正好50岁。2018年教师节，我被评为区"最美教师"，表彰大会上，区长戴建亮亲自为我颁奖。这对一个教师来说，是无上荣耀的事情。

时间镌刻崭新的年轮，岁月记录前行的足印。在这2019年伊始，作为一位从教30多年的教育工作者，我想说："我不求未来能有多少惊喜，唯愿我们的付出让孩子们能受益。人生什么时候奋斗都不晚，一定要活出自己的精彩！"

作者简介

张丽荣，郭守敬小学政教处主任，语文教师。从教30多年来，一直坚守教学一线，有丰富的班级管理经验，善于倾听学生声音，关注学生心理健康。教学基本功扎实，曾做市、区级公开课4节，多篇论文在省级核心期刊发表。先后荣获邢台市"从教30年优秀教师""优秀班主任""师德先进个人"，区"首届科研型教师""优秀党员""巾帼标兵""信息宣传先进个人"等称号。

"家长"的幸福

【文章导读】

32岁的我，生活中是两个孩子的妈妈，工作中是一群孩子的老师。一次偶然的机会，我竟然当上了9个成年人的"家长"！

"妈妈""老师""家长"，每个角色都意味着责任与挑战，如何胜任？需要承担，更需要智慧。

家长，旧称一家之主。

一个成功的家长有三大责任：一是成为孩子的榜样；二是努力经营，给家人最大的幸福；三是帮孩子找到归属感、成就感和荣誉感。

32岁的我，不仅是孩子的家长，还做过9个成年人的"家长"。用成功家长的标准来衡量，我可能还有些欠缺，但也渐入佳境。

两个孩子的家长

我有两个女儿，大的7岁，小的2岁。

我们幼儿园地处城乡接合部，家在市中心，每天上班倒两次公交车，早上6点半离开家，晚上下班回家也要6点半多了，看管孩子的重担自然而然地落在了婆婆的身上。而我能陪伴孩子的时间大概是每天晚饭后到睡觉前的两个小时，我现在把它叫作"黄金两小时"，但是曾经它却是"黑暗两小时"。

二宝的产假结束刚刚上班时，一回到家，二宝试图挣脱奶奶让我抱着吃奶，大宝却紧紧抱住大腿想让我跟她亲近，任何一个不被满足便"哇哇"大叫，任凭怎么说都无济于事。正在厨房做饭的婆婆似乎很不高兴，叽里咕噜说着什么，好像是"两个孩子的表现就是白眼狼，白白受累了"。我崩溃了，每天面对班里的孩子已经精疲力竭，回家来孩子闹也就算了，还要听婆婆的冷言冷语。

我抱着二宝走进卧室，将门反锁，眼泪止不住噼里啪啦流下来。要是每天的生活都这么混乱可怎么办？

"打开门，我有话给你说。"这是老公的微信。

"让我休息一下，一个小时后开门。"我给自己一个小时调整情绪的时间。

一个小时后，二宝睡着了，老公带大宝进来，大宝的脸上还带着委屈的泪水。我一下子体谅了她的心情，她是觉着我只关爱二宝，再也不像以前一样把她捧在手心了。我决定给她吃"定心丸"，让她抛弃多余的忧虑。我将大宝搂在怀里，亲了一下她脸上晶莹的泪珠，缓缓地说："虽然有了妹妹，妈妈仍然是爱你的，只是对她的爱和对你的不一样而已。因为妹妹还小，不能走路，妈妈必须抱着她，你小时候妈妈就是这样抱你的。你现在你已经成小学生了，我们应该一起来爱她，扶她学走路，教她学说话，让她也一天天健康快乐地长大。"

大宝真是懂事的孩子，从此以后不但不再哭闹，还帮我干点儿力所能及的事情。看来孩子也是需要体谅，需要做思想工作的。

现在，晚饭后我经常和两个女儿一起玩搭积木、橡皮泥等游戏，天气好的时候我们推着小车去小公园逛逛，一般都是姐姐推着妹妹的，我在愉快的亲子活动中影响着两个孩子。

四号家庭的"家长"

我性格偏内向，习惯于"被领导""听指挥"，在参加脱产学习时意外成了学前教育专业音乐组四号家庭的"家长"！所谓"家长"，就是一个组的小组负责人。

事情是这样的。

开班第一天，来自省内不同地区的老师组成一个"家庭"，彼此分工，相互协作，共同完成这个组的培训任务。我被分到了音乐四号"家庭"，整个"家庭"由10人组成。这个"家庭"有教龄几十年的老前辈，也有"90后"的萌妹子，对我来说都是陌生的面孔。在推选"家长"时，我悄无声息地躲到大家身后，在心里不断默念："别选我，千万别是我……"终于，组里比我年长几岁的王秋云老师，被大伙一致推选为"家长"，我暗自松了一口气。

谁知道，意料之外才是生活的主旋律。开学第四天，王老师家里有急事，请假回家了。临走前请我帮忙处理一下小组里的事，我一口答应下来，反正过两天她就回来了。不料，代理"家长"两三天后，班主任突然找到我，告诉我王老师有事退学了，希望我担任正式"家长"。我能行吗？虽然不情愿，但我也不知如何拒绝，硬着头皮应了下来。

"影子"培训期间，每个家庭都要完成一份课例研修报告。这个工作我们组所有的成员都没有接触过，想要做好，确实是一个不小的挑战。

确定研修主题、整理文献综述、制订课堂观察量表、课堂实录、评课议课……这其中涉及什么环节、内容具体要怎么操作，我们都是一头雾水。

既然都没有经验可循，那就摸着石头过河，自己来闯出一条路！

我上网搜集了许多相关资料，去粗取精，仔细琢磨其中有用的部分，并记下笔记，仿佛又回到了高考前的备战状态。对这项任务有了一个大概的了解后，我发起小组成员"召集令"，来了一次开工会。会上我们确定了研修主题，结合个人特长和兴趣后进行了分工，又把每一天的工作都按照时间节点安排好，让每一个小组成员都目标明确，有的放矢。在此过程中，大家有任何困难，比如缺乏资料、需要评审，协调研修中摄像机、照相机等设备，我都在做好自己分内工作的基础上积极协助大家。此外，我还负责记录学员考勤，及时与班主任汇报研修进度，主动和"影子"学校、"影子"教师沟通，保证全组工作的顺利进行，等等。

那些天，我的工作强度和工作时间远远超出组员，每天都是最后一个爬上床，即使是躺在床上也久久不能入睡，脑子里一边盘算着今天的工作是否全部完成，一边筹划着第二天的活动，还时不时地拿起手机记录。一边是未知压力，一边是知识收割；一边是事繁担重，一边是充实快乐。在这样"酸爽"的锻炼中我觉得自己越来越勇敢、自信。

虽然工作强度很大，好在我们都是性情中人，紧张的忙碌中满是欢声笑语，大家都感到非常充实愉悦。每天迎着清晨的第一缕阳光，我们在师大东门集合，然后一起走向公交站牌。这段路程大概需要20分钟，大家也利用起来，给卉卉策划生日会，讨论一课三研，还偶尔爱美玩自拍，使原本枯燥单调的路程变得有滋有味。大多时候，公交车上是没有空座位的，偶尔有座位，大家都会不约而同地让怀孕的洁丽老师坐。从南二环到北二环，坐公交需要一个多小时，"影子"培训的日出日落间，我们一起在这条路上走了20多个来回。真的非常怀念那段时光。

研修任务有一项是"一课三研"，这又是一项非常艰巨的任务。这一活动需要由三个老师来执教，可是大家都不肯主动站起来。让谁来呢？没人主动请缨，怎么办？作为"家长"的我，必须起到模范带头作用，当仁不让地先报了名。我又给比较好说话的两个人做了工作，这样执教人员算是敲定了！

这是一次中班的歌唱活动。音乐一直是我的弱项，工作期间上展示课时，我都有意避开音乐课。因为缺乏音乐活动的磨课经验，我对上好这次课一点儿信心都没有。

明知山有虎，偏向虎山行。我又一次给自己打气。既然接了上课任务，我就要拿出十二分的努力去准备。

我设计每一个环节，琢磨每一句话。晚上，别人都上床了，我跑到卫生间对着镜子模拟上课的每一个环节，计算每一个环节的时间。在总结了一研和二研的经验后，我把上课的每一句话都写了下来，如果发现有无效问题或不准确的语言，立刻改过来。

该我上课了，除了我们"家庭"的所有成员，我还勇敢地请来"影子"园的冯主任和我的带教导师李老师一起听课、议课。课上得非常顺利，老师们的评价也不错，这时候的我，心里少了许多忐忑和自卑，多了几分平静与自信。

我努力过了，大胆尝试才会向前一步，我不再是那个害怕承担，害怕被嘲笑的姑娘，我变得勇敢起来。这种勇敢，也许是在我第一次作为"家长"，给全组分配研修任务的时候；也许是在第一次作为主持人，主持召开全组的课前课后会议的时候；也许是在第一次作为小组负责人，和"影子"学校领导协调沟通研修任务的时候；也许是在第一次勇敢地挑战自我，站在摄像机面前，和一群陌生的孩子上课的时候……

压力不是来自事情本身，而是来自自己。在几经努力、不断挑战、勇敢承担的过程中，我有种破茧成蝶的感觉，不光是知识结构的更新，整个人的精神状态也都焕然一新。更为惊奇的是，我发现自己居然成为大家眼里的好"家长"。

娃娃家的小"家长"

我越来越体会到当家长的责任和不易，所以试着在班级开展一些活动，让孩子们体会一下家长的心情。

区域活动时间到了，琳琳、壮壮和天天来到了娃娃家，琳琳当"妈妈"，壮壮当"爸爸"，天天则是他们的"孩子"。游戏开始，"妈妈"坐在柜子旁，边叠衣服边说："小手抱一抱（小心翼翼地把两只袖子依次放在胸前），点点头，弯弯腰（把衣服对折），我的衣服叠好啦！"然后"妈妈"高兴地将衣服放到了衣柜里。这时她发现娃娃家的地面上已经被"宝宝"弄得乱七八糟了，于是她大声喊"爸爸"："壮壮，快过来收拾房间！"只见"爸爸"头也不抬，生气地回答："喊什么喊！正玩游戏呢！"

于是"妈妈"开始独自整理。可还没等她整理好，地上又变得乱糟糟了，毛绒玩具东倒西歪，就连"妈妈"刚才叠好的那件衣服也被扯乱扔在床边。这时"妈妈"嘟起嘴巴冲着"爸爸"和"宝宝"大声喊："瞧你们把家里弄乱成什么样子了！赶快整理好！"可是"爸爸"和"宝宝"并没有理会。这时，琳琳转头望向我生气地大声喊道："老师，快过来，你看他们把娃娃家弄乱成什么样子了？"我赶紧做了一个"嘘"的手势,这次她轻声地对我说:"老师,家里可乱了,他们把东西乱扔,都不整理!"我看了看,便对娃娃家里的孩子们说:"我是邻居阿姨,要来你们家做客了,你们欢迎我吗?"

"欢迎欢迎!"

"可是家里好乱呀,我都不知道该坐在哪里。"

"爸爸"和"宝宝"有些不好意思,他们开始迅速地把地面上的材料整理归位,琳琳邀请我坐下来,并让站在一旁的"宝宝"帮忙给客人拿水果,让"爸爸"到厨房炒菜做饭,这下娃娃家开始忙碌了起来……

这次区域活动给我留下很深的印象,结束后,利用晨间谈话,我和班里的小朋友交流。

"平时你们家都是谁打扫卫生做家务呢?"

"是我妈妈,妈妈要洗衣服、做饭还要收拾房间,妈妈最辛苦了!"琳琳抢先发言。

"有时候是爸爸在家干活,爸爸要上班,还要接送我上学,爸爸也很辛苦呀!"乐乐反驳道。

"对对,爸爸妈妈都很辛苦。我们应该帮他们一起做家务。"小机灵鬼敏敏认真地说。

"爸爸妈妈照顾我们的确很辛苦,那我们可以帮助爸爸妈妈做些什么呢?"我接着问。

"我会洗袜子。"

"我会叠衣服!"

"我会收拾玩具!妈妈说玩儿完玩具要把它们送回家。"

他们你一言我一语讨论起来,我在旁边饶有兴致地听着。

"你们都是能干懂事的好孩子,下次去娃娃家时我们来比一比哪位家长和宝宝最能干,哪个家庭最和谐,好不好?"

"好!"他们异口同声地回答。

之后,在娃娃家的区域活动中,每次玩到家庭游戏,"爸爸""妈妈"和"宝宝"都玩得很开心，争吵现象少了很多。

"妈妈""老师""家长"，每一个角色都意味着责任与挑战，如何胜任？需要承担，更需要智慧。

你若善于学习，你若勇于担当，你若给孩子树立了一个良好的榜样，你和你的孩子都会拥有一个幸福的人生。

作者简介

张小香，邢台市信都区李村学区中心幼儿园教师，在教学中和幼儿亦师亦友，完成工作时能够深思熟虑，情感细腻，注重细节的处理。主要从事农村学前儿童家庭教育方面的研究。荣获"国培计划（2016）"——中西部乡村幼儿园教师培训团队置换研修项目"优秀学员""优秀影子学员"称号。荣获2016年度区"师德师风优秀教师"称号。

心要跟爱一起走——我的成长日记

【文章导读】

教育家陶行知先生曾经指出："教育孩子的全部秘密在于相信孩子和解放孩子。"而相信孩子、解放孩子的基础是学会理解和赏识孩子。教师天生就能做到赏识孩子，相信孩子，理解孩子，把孩子当作独立的个体去尊重和赏识吗？我们一起去一位教师的成长日记里寻找答案吧！

盖房子

2014年10月10日 晴

做幼儿教师已经一个多月了，在这一个月里，我的工作也从一开始的慌乱变得越来越从容了。国庆节期间，妈妈又反复叮嘱我：孩子都是家里的宝贝疙瘩，一定注意安全，千万不能让孩子磕着碰着，省的给自己惹麻烦。我感觉妈妈的话有道理，便整天把"不许""不行""不能"挂在嘴边，限制孩子的活动，束缚孩子的创造力。

今天下午，秋高气爽，天气宜人，我便组织孩子们到户外活动，亲近大自然。我们幼儿园正在铺院子，操场周围有许多的砖和沙子，孩子们自发玩开了"盖房子"游戏。他们有的搬砖，有的铺地，有的搭房顶……三五成群，忙得不亦乐乎。在他们兴致正浓的时候，我开始担心起来，这游戏又危险又不卫生，万一出个差错，我怎么给家长交代？想到这里，我招呼保育员把他们叫回教室，有几个孩子乖乖回来了，顺势在身上拍拍自己的小脏手，可是，维维、瘦瘦等小朋友说什么都不肯走，还狡辩说："我们马上搭好了。"我不吃这一套，生拉硬拽，他们几个哭了起来，小脏手把脸蛋儿抹得跟小花猫似的。

此时，我对下午的做法有些质疑了。

前两天我们教研时明明说幼儿凭借兴趣，通过对操作材料的感知与环境的交互作用来获得发展。幼儿的兴趣在活动中起着非常重要的作用，幼儿主动自愿表达活动的兴趣更是难能可贵，教师一定要给予满足，加以保护，这样才有利于幼儿发展。

看来我要好好学习《纲要》和《指南》了，学习怎样将爱与信任融入我的教学活动当中。

叠被子

2017年6月2日　晴

中午，孩子们睡醒了，我轻轻地说："小朋友们，该起床了！"瞬间嬉笑声、问好声不绝于耳。看着孩子们欢快活泼的样子，我的心情也跟着明朗起来，突然间灵感来了：今天上午学习的《对折》，现在正好可以搞一个"现场演习"！于是我笑着说："小朋友们，我们已经长大了，该学着做些力所能及的事情了，现在我们试着叠我们的小被子，学会之后，不管在家还是在幼儿园，以后起床后自己的被子都要自己叠，你们愿意吗？"孩子们异口同声回答："愿意！"小脸上洋溢着兴奋与期待，一个个跃跃欲试。我口中的"被子"与其说是被子，倒不如说是被罩：薄薄的两层，面积是孩子小床的两倍。要想把这样软软的、大大的被罩叠好，对孩子来说并不简单。但是孩子们积极性很高，充满了信心，立刻站在自己的床铺前开始尝试。有的孩子小心翼翼地把被子在小床上铺平，对折，再对折，直到被子变成枕头大小，轻轻地抻平，压在枕头下面；有的孩子个子高一点儿，他们会选择找到被子相邻的两个角，对折重合，抖一下，完成对折；还有的孩子皱着眉头为难起来，无从下手……每个孩子的动手能力是不一样的，有强的就有相对较弱的，所以叠被子的速度是不一样的。有个叫彤彤的小男生已经叠好了，想走出去，可是他外面的小女生咪咪还没叠完。彤彤静静地等待着，而咪咪叠得很认真，好一会儿才发现他站在旁边，她知道自己挡了路，马上站到一边，善解人意地说："你先过去吧。"我看在眼里，感动在心里，孩子们这么小就懂得相互谦让、为他人着想了。"我们这样折吧！"我的注意力一下子被带着笑意的小奶声吸引了过去，原来是豆豆和石榴做搭档，她们俩一人抓住一个被角，小心地对折，结果豆豆是正面对折，石榴是反面对折，机灵的豆豆发现后，马上换过去，这样，被子很快就叠好了。我又为豆豆和石榴的团结协作而感动。

这次的叠被子活动给了我很多的启发，孩子们有自己的世界，在这个世界里他们互相交流协作，理解互助，主动想办法解决问题。孩子们远比我们想象的更优秀，只要给予他们充分的爱与信任，孩子们就能把自己的世界构建得更加美好和谐！

今天我是小班长

2018年3月20日　晴

班级管理上，我尝试施行幼儿自己管理自己，即实行轮流小班长"政策"。顾名思义，就是孩子们轮流当小班长，来锻炼孩子的动手能力、表达能力和管理能力。

今天，该小男孩晟晟当班长了。晟晟是班里最坐不住的孩子，平日里，他一会儿跟这个说几句，一会儿找那个闹一会儿，一会儿趴地上，一会儿站起来，班上告他状的声音此起彼伏，老师们都头疼不已。他来当小班长，还是忍不住担心，这样的孩子能当好这个小班长吗？会不会和小朋友产生矛盾和摩擦？

一天下来，晟晟用实际行动告诉我，我之前的担心是多么多余。

今天晟晟来得特别早，还主动跟老师说"早上好"，礼貌地跟送他来幼儿园的奶奶说再见。室外活动时间，小朋友要排队了，他自觉站到队伍的前面，像老师一样提醒小朋友们排好队，然后喊着响亮的口号带小朋友往外走。很快到了吃饭时间，这个时候是小班长最忙的时候，首先要将小朋友的桌子擦得干干净净，然后给孩子们发盘子和勺子。晟晟一直在开心地忙碌着，由于手太小，一次抓不了太多勺子，不厌其烦地一趟趟奔走……

今天晟晟的表现确实给了我很大的惊喜，也给了我启发：老师的信任会给孩子自信心，自信的孩子才会有担当，在成长的道路上才会获得勇气、责任和毅力，激发他们生命的创造力。在今后的工作中我将信任每一个孩子，给他们机会，让他们健康快乐地成长！

我再也不偷偷地带玩具回家了

2018年9月19日　晴

我们班的玩具少了四五个。

小雨妈妈送他上幼儿园的时候，将玩具送回来了。小雨低着头不敢看我，我需要主动跟他聊一聊。

"小雨，你是不是非常喜欢咱们班的玩具，借它们回家玩了一宿？"

听我说"借"，他好像松了一口气，连连点头。

"咱们班就这么多玩具，如果每一个小朋友都借到家里去玩，那在幼儿园玩什么呢？"

小雨低落地说："没有了。"

"前几天你的玩具找不到了，你都急哭了，那老师发现这么多玩具都不见了，着急吗？"

"着急。"

"那我们以后不往家带玩具了，在幼儿园和小朋友们一起玩这些玩具好吗？"

"好，我不把幼儿园的玩具带回家了。"

　　小雨的故事，在其他小朋友的身上也出现过，我必须要重视起来，于是，我就这个问题设计了一节"不是我的东西我不拿"的社会课。

　　这节课从《小熊和小兔子》的故事讲起。"有一天小熊去小兔子家做客，发现小兔子家有一个特别酷的玩具汽车，小熊一眼就喜欢上这个汽车了，它特别想把汽车带走。小熊看到小兔子在忙着准备水果，就偷偷把汽车带走了。小兔子的好朋友小狗特别喜欢汽车，这个汽车是小兔子要送给小狗的礼物，结果哪儿都找不到了，小兔子急得哇哇大哭呢。"讲到这儿，我问孩子们，"你们觉得小熊怎么样？"

　　"小熊真坏，拿走了小兔子的小汽车。"

　　"那小兔子着急吗？"

　　"着急，小兔子都急哭了呢。"

　　"那如果你去别人家做客，看到自己喜欢的东西能像小熊一样偷偷带回自己家吗？"

　　孩子们异口同声地说："不能。"

　　"好的，老师相信你们不会这样。那幼儿园的玩具能带回家吗？"

　　"不能带回家。"

　　看似简单的一节课培养了孩子一个好的习惯，相信小雨和其他孩子在生活中都能够做到不乱拿别人的东西。

　　要培养一个好的行为习惯，奖励比惩罚重要，循循善诱比责骂更重要。当发现孩子闯祸以后，不要气急败坏地责问，家长或老师要充分地信任孩子，然后再慢慢地找出事情的原因，然后通过孩子能够接受的方式慢慢引导，从而达到教育的效果。

　　教育家陶行知先生曾经指出："教育孩子的全部秘密在于相信孩子和解放孩子。"而相信孩子、解放孩子的基础是要学会理解和赏识孩子。尊重孩子，欣赏孩子，不仅是因为他们年龄小，需要关心和爱护，更重要的原因是他们从出生起就是一个独立的个体，有自己独立的意志和个性。赏识教育是承认差异，允许失败的教育；赏识教育是充满生命力、充满人情味的教育；赏识教育是热爱自己、热爱他人、热爱生命的教育；赏识教育是开发潜能、激发创造力的教育。经常得到老师赏识的孩子，他们往往对自己充满自信，而且能以更高的热情去接受新的事物。赏识孩子、理解孩子、尊重孩子，是教育成功的良方，我将遵循此良方，在爱的道路上走下去。

作者简介

张文彩，邢台市信都区泉北学区三环逸夫幼儿园优秀教师。课堂教学情绪饱满，情感丰富，深受孩子喜爱。相信教师的爱与信任会让孩子更自信，从而更优秀。

爱的课堂永溢美

【文章导读】

美，无处不在，人的一生都在追求美。让学生在充满爱的美术课堂里去发现美、感受美、创造美，让孩子们体会到美育带给他们的成功与快乐，这也是我对美育，对美术课堂的一生追求……

著名的雕塑大师罗丹说过这样一句话："生活中不是缺少美，而是缺少发现美的眼睛。"美术的性质就是为了让我们学会发现美、创造美。美在我们身边无处不在，我们的衣食住行方方面面都蕴含着各种各样的美，而美术课就是要带领学生去发现，去探究，去感受，去创造，去拥有一个精彩美妙的世界。

在十余年的美术教学生涯中，我常常和学生们一起在校园的角落、在废旧材料中、在古建筑里、在大自然中、在中华传统文化中寻找美，感受美，表现美，创造美，启发了学生们无限的思维想象空间，使他们的小手更具有创造力。记得有一次美术课上，我让孩子们在校园中去发现美，并把它们画出来，这下可热闹了，平时再熟悉不过的校园一下变得新奇起来，熟悉的教学楼、飘扬的国旗、一片树叶、一群蚂蚁……在孩子手中都鲜活起来，孩子们好像带着放大镜般在校园寻找，一双双发现"美"的眼睛愈加明亮。这是一个愉快而带有惊喜的过程，这些小惊喜小感悟在孩子记忆的海洋里如珍珠般闪闪发光。他们的细心，他们的认真，他们的发现，他们对美的感悟使校园变成了一个精彩美妙的世界。

美术不仅启发了孩子们最大的发现力，也让他们获得了积极的情感体验。雨童是一个文静，胆子特别小的姑娘，上课从来没有见她大声说过话，总是坐得端端正正，静静地看着你，但她美术作业内容丰富，形象生动，色彩艳丽。由此可见，她是一个充满想象，多才多艺，内心世界丰富的孩子，只是不敢表达而已。课下我也跟她的班主任贾老师沟通过，贾老师说在别的课上她的表现也是这样——安静，不善于表达自己的想法，有时也只是把胳膊举到耳边，小手掌都没有张开，没有信心大声说出自己的想法。于是，在以后的美术课堂中我开始默默地关注她。在讲《流动的颜色》这节课时，我课前做好了精美的课件，准备好了红、黄、蓝三种水粉色以及笔纸等绘画工具来到二班上课。在进行示范作画时，我用红、黄、蓝三种颜色滴在纸上然后向不同的方向吹动它们，让它们肆意流动，互相融合，互相包容形成了一幅新的作品。学生们观察得也很仔细，当发现这三种颜色互相混合形成了一种新的颜色时，孩子们争先恐后地举手回答问题，总怕别人把自己的发现先说了出来。可是雨童仍是把胳膊举起放到耳边，小手掌都没有打开，她又害怕了，犹豫了，在同学们都把自己的发现"红+黄＝橙、红+蓝＝紫、黄+蓝＝绿"这些发现说完后，我又问道："谁还有新的发现？"大家瞬间都安静了下来，瞪圆眼睛认真看着黑板，然后左看看右看看，这时我的目光看向了雨童，她半举起小胳膊握着小拳头正在犹豫不定时，我微笑着冲她轻轻地点点头抬抬手，示意她发言，得到我的眼神鼓励，她慢吞吞地站起来："我还发现了每两个颜色相遇以后，重新产生的颜色有深浅变化。""哇！你的眼睛真亮真大，观察得很认真，发现了这么重要的一个现象，同学们仔细看看是不是有了深浅的变化？同意她发现的这个现象是真的吗？"当受到我的肯定和赞誉后，孩子们都向雨童投去羡慕的目光，雨童微红的小脸上立刻充满了自信洋溢的笑容。"看雨童观察得多认真，同学们都要像雨童一样，认真观察大胆发言，说出自己的发现和感受好吗？"我紧接着问道："那谁知道为什么会发生这个现象？"雨童通过刚才的表扬信心十足，这回"噌"地一下举起手来，我也趁热打铁立马叫她回答，果然不出所料，她的解释非常正确。大家立刻把最热烈的掌声送给了她。看见露出小豁牙的她笑得是那样甜美，我也欣慰地笑了。在我下课回办公室的时候，小雨童悄无声息地跟着我，咧着小豁牙不好意思地笑着，我趁机又鼓励她，告诉她做一个自信的小姑娘最美丽。渐渐的，她在课堂上回答问题越来越多，语文老师根据所学课文留的作业，如手抄报或是古诗配画，她的作业总是脱颖而出，并且次次都在班级文化中进行展示。她还主动找到班主任贾老师要求参加板报组，设计的板报总是得到同学们的赞叹。同时我把她吸纳成为我的美术社团成员，参加红精灵画吧，根据我们学校"红精灵运动节""红精灵艺术节""红精灵科技节""红精灵读书节"进行主题创造墙绘。通过一系列的课堂、班级、校园的绘画活动，让她充满了快乐与自信，所有的任课老师都感受到了雨童的变化，阳光、自信、快乐！她的羞涩，她的胆怯，都消融在美育之中，是美术给她带来一个精彩美妙的世界。

美术课上获得的成功与乐趣成为激励孩子成长的阶梯。雨童的快乐来自自信，而子轩的快乐来自"特殊"。这个稍胖的男孩子很活泼，超有爱，有着丰富多彩的想象力和创造力，是班上的"开心果"，可就是对学习不感兴趣，课堂纪律束缚不了他的行为。通过美术课，他不仅收获了自信，还找到了学习方法，学习成绩也有了很大提高。在上二年级第一课《纸片插接》这一课时，他就已经崭露头角了，他用纸片插接的作品不仅高大结实，给同学们讲起这个作品创作的想法时也是滔滔不绝，还编成一个小故事着实吸引了同学们的目光，逗得同学们前仰后合。在同学们"哇""哇"的一片片赞叹声中，我记住了这个小手巧、嘴灵、想法多、胖胖的小男孩。接下来再去上美术课，我发现他准备的美术用具就只有剪刀和彩纸，不管是上手工课还是绘画课，他都喜欢用剪拼的方式来完成作业。我担心上课用剪刀的安全问题，对他进行了劝说，鼓励他拿起画笔来画心中的故事。他也听了我的劝告，开始用彩笔画，可是从作业里线条的运用组合，涂色的方法与搭配，明显感觉到他的作业敷衍了事。草草画完后，仍是拿起彩纸一边撕一边拼，完全沉浸在拼贴的乐趣里。我想：与其这样不配合不开心地上课，不如让他高高兴兴地学习，用自己喜欢的方式把心中所有对美的感受无拘无束地表达出来。于是，我给他约法三章：一要安全使用剪刀，二要每一幅作业认真完成，三要保持教室卫生。他爽快地答应了。在认真教他怎样安全使用剪刀，怎样进行拼贴的方法后，我就让他把"特殊"的作业一直坚持了下来。而他也真的很特殊，每一课的作业都是那么的新颖与别致，他的作业中创造性的想法吸引着同学们羡慕的小眼光，还经常把自己和同学们逗得笑哈哈。他的执着，他的灵感，融入美育之中，是美术让他有机会创造了一个精彩美妙的世界。

画画最能表达孩子的内心，绘画也是最快乐的事情，我用真情鼓励表扬孩子，让孩子大胆地表达，让孩子体验到绘画的乐趣，成功的喜悦！同时，在课堂中，孩子眼中一个小小的发现就会生成一个新的知识点，要善于总结利用这些生成，让学生主动去参与到学习中，让他们体验成功的快乐，在玩中学，在学中乐。学生在美术课堂上得到了尊重，体验到了成功，也激发了学习的兴趣，快乐地学，快乐地成长。正所谓，适性扬才。尊重学生的选择，保护学生的爱好，这样的方法不仅培养了学生的特长，也让学生对学习产生了前所未有的兴趣。

我从事小学美术教学已近二十年，学生换了一批又一批，我感到美术教学的的确确是一门艺术，常言道："教学相长。"在教学中肯定会有更多的新问题、新现象、新思路值得我们去思考，去研究，这确实是一件十分有趣的事情，也是我努力一生都要做好的一件事情……

作者简介

孟彦红，邢台市育红小学美术教师，从教十几年来致力于小学生美育研究。曾荣获"河北省中小学美术课堂教学活动现场课"一等奖、邢台市第二届小学美术教师素养大赛一等奖等。美术课例被全国中小学教师继续教育网"2016年学科内容同步教学问题解决与课例观摩"培训项目录用。

被聘为区兼职教研员，"区教育教学讲师团"成员，被授予区教育系统"十佳创新党员""邢台市教育系统创先争优巾帼建功标兵"等称号。

心系学生，反思成长

【文章导读】

"真教育是心心相印的教育，唯独从心里发出来的，才能达到心的深处。"国培归来，我对自己的教学进行了审视与反思，不断关注学生的需要，关注学生的表现，关注学生的欲望。渐渐地，我变得更暖心，更善于捕捉孩子们的"成长点"，然后在和风细雨中将这个点融在一个跳跃的心灵之中。通过故事，我们发现，先接纳一个孩子，而不是去贴标签，这是多么重要。

在20年的教育教学生涯里，我不断成长。从一名教育新手到骨干教师，再到学科名师，一路走来，从未止步，从不懈怠。但令我惶恐的是，随着年龄的增长，我的专业成长似乎进入了一个瓶颈期，不知怎样自我突破，不知怎样做好领头羊，内心无比苦闷。

是国培的培训给了我新的定位，给了我学习的平台。在那里，我潜心钻研，以空杯的心态接受新理念，学习新方法，全方位地丰富自己。我知道，内心有个坚定的声音在呼喊——要蜕变，要成长！

在国培期间，每天都能与教育专家、一线教研员、高级院校的研究人员面对面，他们广博的学识，睿智的思想，笃实的精神，对教育的热爱都融入在生动精彩的授课中，深深地影响和感染着我。在学习之余，让我时时挂心的是六年级的学生。他们是否听代课老师的话？他们的学习有没有松懈？那种牵挂一日甚过一日。于是我在某天晚上提起笔来，给学生写了一篇热情洋溢的书信。

亲爱的同学们：

夜深人静。此刻老师在河北师大的宿舍里，边想念你们，边给你们写信。

老师这次外出培训时间长，任务重，机会难得，非同寻常。培训学习很辛苦，每天早晨六点起床，洗漱吃饭后就开始了一天的学习生活，紧张而有序。学习结束后，还需完成当日的学习反思和研修日志，每天特别充实，也特别开心。

能在大学的校园里再次全身心地投入学习，是一种幸运；有机会聆听众多教授的教诲，是一种幸福；与伙伴们时时碰撞交流，更是一种享受。遇见美好的人，遇见真实的课，遇见深刻的思想，老师的心中总是充盈着满满的甜蜜和感动。

孩子们，老师如此珍视学习深造的机会，怎能不想到最该勤奋好学的你们？新老师代课，你们可还听话？作业有没有认真完成？每天有没有坚持读课外书？上课举手可还踊跃？一连串的疑问和担心萦绕心头。还记得老师走前的班会课上说的话吗？无论如何都要上进，在该努力的年龄里奋进，你就是最阳光的少年；无论如何都要向善，会换位思考，就能带给他人正能量；无论如何都要表里如一，无论对谁，无论在哪，坚持该坚持的，你就是最优秀的那个……也许这些道理你们还未真正理解，但是在老师不在的日子里，尊重新老师，一如既往地遵守纪律，努力学习就是对老师最好的想念。

在培训班里，有比赵老师年轻的，也有更年长的，但是每个人同样努力。每位学员都深知学习无止境，教育无止境，他们像一棵棵大树，拼命吸收水分和养料，向着阳光最灿烂的高处拼命生长。你们这些小树，不知可做好了仰着头迎接雨露的准备？

我亲爱的孩子们，老师默念着，嘴角扬着笑，你们飞扬的笑脸仿佛就在眼前。让老师和你们一起加油，彼此见证，彼此鼓励，彼此欣赏，在未知的日子里，遇见更努力的自己！

你们的赵老师

2017年10月21日深夜

信发到了班级QQ群里，家长和孩子们纷纷留言让我放心。从此后，搭班老师和代课老师都反映班里学风正了，劲头高了，这让我欣慰不已。我想，这就是教育的力量，一棵树摇动另一棵树，一朵云推动另一朵云，一个灵魂唤醒另一个灵魂。

回校后，我将自己的学习笔记重新进行了整理，细细消化每一场讲座，思考如何将其与自己的教学实践结合起来。我觉得这次国培让我最受益的就是促进了我的反思，以前只顾就教学而教学，很少问为什么，也很少对问题进行深层的反思。现在对自己的教学进行审视与反思，我觉得教学要落到实处，要更好地立足于学生，就要实现三个"关注"：关注学生的需要，关注学生的表现，关注学生的欲望。只有把学生装在心中，教学才会更扎实。

这学期，综合学习二的"小笔头"是"难忘的一件事"，这似乎是老生常谈的话题，学生写得有些麻木，我不断地问着自己：怎样的一个切入点，才能抵达孩子的心灵？怎样的习作，才能让孩子们敢于、乐于表达？

不管是童话中的匹诺曹，还是为人师、为人母的我们，哪个在童年没有游戏般的稚嫩的谎言，当我们朝花夕拾，看到的何尝不是一朵朵美妙的小浪花？于是，我选择了"谎言的故事"作为这堂作文指导课的写作内容。刚开始，学生看到此次的写作内容，一个个瞪圆了眼睛、张大了嘴巴，甚至有了小小的骚动，我知道，他们简直不敢相信自己的眼睛，颇为惊诧的样子是因为他们熟悉了课堂上畅谈正直和诚信，让他们公然暴露自己的"私密"，他们多少有些不敢，或者心存顾虑。好在"尊重"是这节课的关键词，"轻松"是这节课的基调，他们的内心由封闭到敞开，灵动的语言文字就这样流淌出来。

我在批阅作文时，看到了孩子们调皮可爱的谎、善意温情的谎、懊悔自责的谎、无奈痛苦的谎，那种真实、真诚、真挚让老师心中洋溢着一种久违的感动。可是，有一位同学的作文，让我的目光久久不能离开。题目是《斗智斗勇》，原文如下。

一个人一生中，不能保证永远不说谎。有善意的谎，有狡黠的谎，有无奈的谎。古灵精怪的我，常常会为自己的高明的谎笑上一段时间。

一次，我的父母外出回来，正好看见在小区里玩耍的我，就说回家吧，回家后别动电脑啊！我一回来，飞快地写作业，不出40分钟，两项写光光，我打开电视看了一会儿，不禁觉得手痒痒，就钻进电脑屋，开始玩了。我特意在主机后面放了一个小风扇，和同学聊天，一起合作打了某一关的BOSS。大约玩了半个小时，我正在兴头，耳边传来了楼道里的踏步声和咳嗽声，我立刻起身关掉QQ，删除我的号码，打开网页，清除记录，关显示器主机，然后关了电源，最后移走小风扇。

门在这时一下子打开了，我装出学习模样，正背一篇已背过的诗，爸爸果然一手摸在电脑上，我的心微微颤了一下，不过又恢复了常样，这些异样的表现可不能太明显，电脑凉丝丝的，全是小风扇的功劳。我手心中冒出了汗，老爸说："表现不错，很听话嘛。"我想老爸他一会儿一定会查看网页记录，让他查吧，电脑100%他玩不过我，就像猫要捉老鼠，而老鼠又钻进了洞。

同学们的上网技术差，不至于天衣无缝，而此招可谓天下无敌，老爸捉不住，又无孔可入。

写此作文的这个学生是个聪明的孩子，他爱读书，好探索，喜游戏，连欺骗家长都能做到极致，一时间我有些无语。单从作文的角度来看，他的作文称得上佳作，语言简练，情节紧凑，心理描写细致真实，有小伎俩后的心虚，有"斗智斗勇"后所谓的自豪。但从道德角度来看，他似乎错了，错在哪儿了？错在他感觉与家长斗其乐无穷？还是他有老鼠般的狡黠？

我作文课的初衷是让学生"以我手写我心"，还给他们一个无罪恶的童年。可是这篇作文，问题出在哪儿了？他敞开了心扉，释放了自我，难道是我想通过故事的讲述让学生达到自我成长的做法出了问题？还是我在作文指导时忽略了一直强调的道德规范？或者说是我大惊小怪了，这根本就是一种调侃？还是说这给所有的家长和老师敲响了警钟，曾经可爱的小豆豆们已经长大了，不容我们忽视，他们渴望自由，渴望欢乐，渴望沟通？

课下，我找到他，拿着一篇朱自清的《背影》向他请教，我说："你的阅读理解能力一向很好，你先看看这篇文章，看完后咱们切磋一下。"他接过书，有些羞羞地认真读了起来。一会儿他就看完了，他不好意思地说："老师，这是朱自清的描写父爱的名篇，我以前就读过。"果然是"明人不说暗话"，我指着那处"我心里暗笑他的迂；他们只认得钱，托他们只是白托！而且我这样大年纪的人，难道还不能料理自己吗？唉，我现在想想，那时真是太聪明了！"问他："你怎么理解此处的'聪明'？"他思考了片刻，说："这个聪明应该是说反话，有一种自责的意思，因为面对父亲对自己的关爱，作者当时暗笑父亲的迂，现在又觉得很宝贵。"我竖起大拇指，夸赞他的理解非常到位，也感谢他和老师的交流。

我把几本作文本一起交给他，说："这些作文都有需要修改的地方，你帮我把这些发下去吧。"他高兴地接过来，"保证完成任务。"说完一溜烟儿跑走了。那其中就有他的作文本。如此不露声色，他那么聪明一定知道该如何做了。

果不其然，那篇作文后多了一段小字：当我再次审视这件事的时候，令我感到羞愧的不是我撒了谎，而是撒完谎后不被发现的沾沾自喜。父与子的关系本不该是猫与老鼠的游戏，当我想方设法骗过父亲眼睛的时候，我知道那不是聪明，而是实实在在的愚蠢。我为我的愚蠢而道歉，为我的无知而自责。

当童心碰撞了道德，当畅怀引发了思考，如何保护童心，又引领孩子健康成长，我想这是我对教育教学不断反思后的必修功课。

学习给了我知识，反思帮助我成长。我想对于一个幸福的教师来说，教育不是牺牲，而是享受；教育不是重复，而是创造；教育不是谋生的手段，而是生活本身。我钟爱教育也热爱生活，我愿在心中流淌着人与人关系中最纯正的理念。这些理念是基于对儿童的关爱，对于童年的珍惜，对于生命的尊重，对于人类价值的自觉承担，而且是无条件的无替代性地承担。

作者简介

　　赵雪静，邢台市行知小学教师，第三届"邢台市名师"。自1997年参加工作至今一直从事语文教学的实践与研究。课堂教学朴实而灵动，思考深入而大气，多次担任公开教学和送课下乡任务，被授予区级和市级"巾帼建功标兵""师德标兵"等荣誉称号。语文综合性学习课例《有话好好说》荣获河北省小学教师课堂能力优质课评比二等奖，阅读课例《乌塔》被评为"一师一优课，一课一名师"市级优课，在区教育局组织的语文教师素养大赛中荣获一等奖。撰写的《让每一朵花开有声，让每一种成长有形》《浅谈小学语文教改》《当童心撞击道德》等论文和教育叙事在省市级优秀教育科研成果评选中多次获得一、二等奖。

用爱滋养，静待花开

【文章导读】

让学生在体验中学会尊重，在感悟中学会承担，在努力中学会珍惜。教育者，是人类灵魂的引导者，是心路正途的铺垫者。用心灵来执教，才能成为真正的教育者。

巴特尔说："教师的爱是滴滴甘露，即使枯萎的心灵也能苏醒；教师的爱是融融春风，即使冰冻了的感情也会消融。"

儿童是祖国的花朵，但不是每朵花都会如期盛开。作为一名老师，我们应该相信师爱的力量。不是每个孩子都美丽，但他们一定是可爱的；不是每个孩子都聪明，但他们一定是独特的。这需要教师用爱心去发现，用爱的阳光去照耀。

两年前，我新接任了一个班级。原来的班主任李老师告诉我，班里有一个学生叫李国亮，是一个顽皮的小男孩，上课不注意听讲，爱搞小动作，性格古怪，以自我为中心，不在乎周围人的感受。他愿意与同学们在一起玩，只不过是方式不对，总以拳头和大嗓门和同学相对。因此个性的他总会跟同学闹矛盾，惹了麻烦从不认错。时间长了，谁都不爱与他交往。李老师叮嘱我，一定要处理好与李国亮的关系，否则，别想上好自己的课。听了李老师的话，我不以为然，教了近二十年学，什么样的学生没有遇到过，一个小小的孩子能掀起什么风浪？

可没有想到，第一次走进课堂，李国亮就给了我一个下马威，"打"了我一个措手不及。我走向讲台，开始了自我介绍："同学们好，我是新来的郝老师……"原以为我的自我介绍一定会给同学们留下鲜明的印象，没有想到，话还没有说完，就听到一个男生不屑一顾的讥笑："好老师，好老师，还坏老师呢！"他的话引起哄堂大笑。我气得火冒三丈，把手举得高高的，正想狠狠惩罚他。只见这个男生阴阳怪气地说："看，我说不是好老师吧？古人云：'君子动口不动手！'何况师乎？"没有想到，一个小学生竟会用上"之乎者也"！我顿时变得哑口无言，高高举起的手慢慢放下。我课也无法上了，和这位调皮的学生"对峙"着。正在尴尬时，李老师走进课堂，笑着拍拍那位男生的肩膀："国亮，这是咱们班的新语文老师，知识可渊博了。你不是喜欢读小古文吗？以后，你可以向郝老师请教啊！"噢，原来这个男生就是大名鼎鼎的李国亮啊！听李老师说我知识渊博，精通古文，李国亮不再对我"横眉冷对"，我不好意思地望着李老师。因为李老师帮我解围，这节课总算顺利完成。

课下我也反思我自己，做事情急躁，沉不住气，这是做教师的大忌。想想当初选择当教师，自己坚定了信念，再看看自己的状态，我很惭愧。古语有云："天将降大任于斯人也，必先苦其心志，劳其筋骨，饿其体肤，空乏其身，行拂乱其所为，所以动心忍性，曾益其所不能。"转变自己，从我开始。从这件事后，我只要有机会就和李国亮多聊天，有时候教他读几篇小古文，时间久了，我也摸清楚了他的脾气。这孩子心地善良，刀子嘴豆腐心，吃软不吃硬，你厉害他更厉害，典型的"顺毛驴"。这类孩子要以柔克刚，以情感化。他的家庭也比较特殊，爸妈无固定工作，爸爸常年在外打工，一年半载不回来一趟，妈妈开了一家小理发店，她和孩子吃住都在店里，整天忙于生意，无暇顾及他，孩子放学就在嘈杂的理发店里写作业。因生活压力所迫，妈妈脾气暴躁，孩子只要犯错误，非打即骂。了解了他的情况后，我便开始实施转变他的方案，多了一份关爱倾注在他身上。

记得有一次，在课堂之上，我正在讲课。突然，听到一个角落传来低低的哭泣声。我心里一惊，赶紧停止讲课，循声而去。我看到一名女生面前摆着一本撕破了封面的语文书，我仔细一问，才知是李国亮的"杰作"。因为，那名女生在写笔记时不小心碰了一下李国亮，把他的本子碰到了地上，脾气暴躁的李国亮拿起女生的书，不问青红皂白就撕掉了封面。如果放到以前，我肯定马上批评李国亮，可看他丝毫不害怕，眼中还带着挑衅。为了不耽误学生的课，我强压住心中的怒火，把自己的教科书给了那位女生，拿起那本破损的语文书登上了讲台，又接着讲起课来。李国亮呆呆地望着讲台上平静讲课的我，显得有点儿不知所措。

放学后，我回到办公室，刚刚放下书本，突然门开了，李国亮红着脸站在我的面前。我知道他已经知错，故意避开"为什么撕书"的话题，轻轻拍拍他的肩膀："国亮？怎么了？哪里不舒服？"国亮不好意思地低下头："郝老师，我……我错了！如果换成别的老师，一定会狠狠地教训我，您……"我打断他的话，语重心长地说："国亮，同学之间要团结友爱，怎么能因为别人无意的过错而去伤害同学呢？"国亮再次惭愧地低下头。通过这件事情让我明白了每一个学生都是独特的，每个学生身上都存在巨大的发展潜能，每个学生都有他的人格尊严。针对这样一个学生，作为教师，我们应该以教育为目的，帮助、感化让他能够取得进步。

后来，我通过调查，了解到国亮同学喜欢上科学课。因此，我和科学老师商议，让国亮同学担任科学课的课代表。这下，国亮同学重拾信心，每次在上科学课前，他都会帮助老师准备实验器材。在科学课上，他大胆发言，和同学合作学习，尤其是在做科学实验时，他更是大显身手，每次实验都很成功。没有多长时间，他已经成为科学老师的得力助手。

通过一学期的努力，李国亮有了重大的转变。首先在思想上乐意与老师表达自己的想法，家里、班里的事和我说起来没完没了。有时还会给我提个小建议，他真的把我当成了朋友，我们之间没有一点儿隔阂。有一次，我们班有个男生摔伤了胳膊，我打算去看他，李国亮自告奋勇地说："老师，我和您一起去吧！我知道他家。"那天放学正好开会，他在校门口一直等到我散会，令我十分感动。在学校里朋友也多起来了，就是偶尔与同学之间有了摩擦，也会主动和同学和好。

在学习方面，课上不再玩东西了，小动作减少，听课质量明显提高，只要课上他举手，我就把机会给他。家庭作业方面，不带不写的现象完全消失了，作业正确率也有所提高，他一点一滴的进步，我都看在眼里，喜在心上。把他进步的事情制成卡片，贴在教室展览栏里，让大家与他一起分享成功的快乐。教师节时，李国亮把他自己亲手做的贺卡送给我，其中有一句话给我留下了深深的印象，他说："郝老师，以前我错怪您了，通过这两年的接触，我知道您是真正的好老师。"看到他这句话，一股暖流涌进了我的心里。两年了，他终于认可了我。

现在李国亮的脸上多了一份笑容，多了一份自信。他与同学能和睦相处，学习劲头十足，又融入班级的大集体中了，重新享受老师带给他的每一缕温馨的阳光，享受班集体带给他的那份温暖。

现代教育学家陶行知先生说："培养教育人和种花木一样，首先要认识花木的特点，区分不同情况给予施肥、浇水和培育。"由于学生自身不同，家庭环境不同，使得学生有个性、有差异。特殊的学生实际情况更是如此，所以必然要求我们老师深入了解弄清学生为什么会这样，从而确定行之有效的对策，因材施教，正确引导。教师要从各个方面去关心他、重视他，用关爱唤起他的自信心、进取心，使之改正缺点，然后引导并激励他，使他成为一个乐观、勇敢、与人和睦相处的好学生。

我们教师在处理问题的时候往往更多地站在成人的角度去看问题，对孩子的快乐或痛苦有些不以为然，总认为孩子的事都是鸡毛蒜皮的小事。其实不然，他们的世界也有规则，也有他们的判断标准，一件芝麻大的小事在他们的世界里就是他们的整个天空。我们只有设身处地站在孩子的角度去观察他们的一举一动，才能理解他们的行为。

对于李国亮这样特殊的学生我放下架子亲近他，敞开心扉，以关爱之心来触动他的心弦。认真倾听他对事件的描述，然后再"动之以情，晓之于理"，用爱去温暖他，用情去感化他，用理去说服他，从而促使他主动地认识并改正错误。我们老师不仅要善于换位思考，更重要的是教会学生去换位思考，学会去体谅别人、理解别人，有大胸襟，大气度。只有这样，才会让自己和别人都快乐而且轻松！

花儿的事业永远充满魅力，同时又充满着挑战，但更充满着快乐。我愿用爱滋养，静待花开！

作者简介

郝瑞霞，邢台市信都区晨光小学教师，在长期的教学中形成了敢于尝试、亲切、富有童趣、优雅大方的教学风格。自2015年在首都师范大学初等教育学院导师郜舒竹教授指导下开展"变教为学"的课堂教学改革，积极参加各级各类学习、培训，开展课堂实践、课后反思。几年下来，所带的实验班已经成为学校课改的领头羊。本人在全国"变教为学"课堂展示活动中收获好评。曾获邢台市"教坛新秀""区优秀教师""骨干教师"荣誉称号，多次在区优质课上获奖。积极参加课题研究，撰写的论文多次在市、区获奖，并在核心期刊发表。

新竹高于旧竹枝

【文章导读】

教育是心与心的交流，作为班主任要躬下身来，弯下腰去来一场心灵的聆听之旅。帮助孩子们战胜成长中的挫折，做他们的知心朋友；引导孩子们养成良好的学习习惯，做他们的心灵导师；指引孩子们明辨是非，做他们的道德楷模。待到桃李芬芳时，便是我人生最大的幸福。

俄国教育家乌申斯基说过："如果教育学希望从一切方面去教育人，那么就必须首先也从一切方面了解人。"的确，教育是心与心的对话，作为班主任要想学生对你多一份亲近、敬爱与信任，就要躬下身来主动去聆听每个学生的心声，去抚慰每个学生稚嫩而脆弱的心灵，因为理解与关爱能挖掘心灵深处的能源，照亮他们的精神世界。

退学风波

2016年9月3日，新生刚入学第三天下午，李明家长打来电话，说孩子不想在我们这儿上学了，我很纳闷，上午第二节课在《认识你我他》活动中，她还上台落落大方地作自我介绍，我对她的发言做了点评，并且表扬她主动为班级拿钥匙，鼓励她要有坚持不懈的精神，不仅为班级服务好，而且在学习上也要有此精神。

晚上家长便来到学校，说孩子不在这儿上了，要求办理退学手续。我给家长说："孩子为什么不在这儿上学，她准备去哪里上？"家长说："孩子只是说以后不上学了"。接着我问家长："孩子来到学校才两天，上午还高高兴兴的，忽然间说不上学了，她遇到什么问题吗？"她家长说："孩子来例假，弄到裤子上，班规规定不能中途回宿舍，所以，不敢回宿舍换裤子，由于裤子脏了，也就不去食堂吃饭，然后就不想在这里上学了。"我继续问家长："孩子这么小就不上学，你是怎么想的。"家长说："我想让孩子在这里上学。"和她妈妈谈到这里，我大概了解了原因，我便和家长商量说："你先不要急于给孩子办理退学手续，我和孩子谈谈，如果她实在不想在这里上学，咱们再说。"我把孩子叫到办公室，让孩子坐下来，我说："首先，你们都是新入学的学生，咱们班52个人，拿钥匙的就两名同学，而你是其中之一，说明你是一个有责任心，愿意为班集体奉献的孩子。其次，老师根据咱班的实际情况，结合咱们学校的规章制度，制定的班规你能遵守，说明你是一个守纪律的同学。再者，虽然规章制度我们必须遵守，但是有特殊情况，你和老师说明，老师也会根据实际情况解决你遇到的问题，同时，我为自己的工作疏忽给你说声对不起。"接着，我给她简单说了些青春期生理知识，教给她怎么正确解决生理期情况。在进行了一系列的交流之后，我感到她开始若有所思。但是性格倔强的她还是执意要回家，因为是首次离家，我便让家长先把她带回去。第二天早晨，家长打电话说："已经把孩子送到学校了，孩子还十分高兴"。我这颗悬着的心终于落地了，虚惊一场的退学风波平息了。

这件事给从教近30年的我带来很多感想，首先，我们教师要走进学生，蹲下身子，多与学生沟通，成为学生的知心朋友，使学生遇到问题能及时找老师帮助，从而使师生之间关系更加和谐。其次，教师要重视与家长的沟通，尤其是在新生入学后，及时建立班级微信群，通过班级微信群和家长互动，快速、准确、全面地了解学生的问题。再次，作为初级中学教师，我们要先给学生上好生理课，随着人们生活水平的提高，有很多女孩在十二三岁就开始来例假，但是有些家长为了生计与孩子缺乏这方面的沟通，导致青春期的孩子遇到生理问题如临大敌，假若我们提前给孩子普及了青春期生理问题，我们的学生就会坦然面对。

小丽变了

小丽活泼好动，性格外向，对什么事情都满不在乎，课堂上听讲时经常搞一些小动作，左顾右盼，不专心。不仅如此，小丽的习惯很差，上节课发的试卷，下节课老师要讲评了，她竟然找不到了，即使找到了，也是一团纸，打开来皱巴巴的。抽屉里乱七八糟的东西很多，擤过鼻涕的纸巾被揉成一团团，扔得每个角落里都是，各种小玩意也不整理，找一本作业本，要把抽屉里的东西都拿出来，像摆地摊一样，自己座位地面经常不干净，其他学生都不愿意和她同桌。她自己还是我行我素，但是从她的眼神中可以看出她的落寞。针对她的情况，我利用课余时间，和她一起整理抽屉，并给她提出第一步要求，就是每天保持抽屉整齐，地面洁净，当她按老师要求做时，我及时在班级对她进行表扬，使她感到老师在关心她，信赖她。于是，慢慢地她有所变化。国庆节前，学校组织歌咏比赛，由于小丽乐感较强，我便选她作合唱比赛的指挥，她接受这个任务时，特别激动，因为她感受到老师对她的赏识，所以她不辞辛苦，一有闲暇就组织同学练习，在她和同学们的共同努力下，我们班获得歌咏比赛一等奖。以此为契机，我给小丽提出了上课认真听讲、自觉遵守课堂纪律的要求，小丽上课开始认真起来，作业也能及时上交，学习成绩也有所提高，孩子真真切切地在进步，我打心眼里感到高兴，我想这也许会就是当老师最幸福的时刻吧！

作为老师，教育的目的就是使每个学生都能沐浴爱的阳光，健康快乐的成长，要多发现他的好，学有所成，乐善好学，孩子越是调皮，就越是需要老师给予爱，我们其实能够使孩子们成为可塑之才，关键是要发挥自我的智慧，发现孩子的优势，站在孩子成长和鼓励孩子进步的角度去思考去探索，用点滴的"爱"铸就孩子的绚烂的未来！

通过这件事，使我认识到大多数后进生他们并不是智力差，而是由于他们对自己的学习和生活缺乏信心而导致自己的落后，每一个孩子都想成功，可是，并不是每一个努力的人都能成功，因为每一个孩子存在差异。其次，教师要善于发现学生的闪光点，尤其在班级活动中，要给他们一展身手，展示自我的机会，满足他们受尊重的心理需求，让他们享受成功的快乐，找回自信和自尊，激起他们克服困难的勇气和信心。最后，需要我们走进孩子的心灵，用恰当的方式，关注到学生的努力上来，帮助他们树立自信，走向成功。

突发打架事件

早读时间我走进班级，杨宇飞同学红着眼睛走到我跟前，说张佳保在上课前打了他，我认为不可思议，因为张佳保同学是我班班长，平时在与同学相处中懂得宽容他人，好像大哥哥一样，怎么能打架呢？我便把张佳保叫到门外，问他为什么和杨宇飞打架，他当时情绪特别激动，感到受了很大委屈，认为自己做得对，问其原因，他说杨宇飞给其他同学说他是"二手货"（注：二手货是给他人起的绰号，意思是经常使用他人用过的东西），感到自己的自尊心受挫，所以，就打了杨宇飞，幸亏其他同学及时制止才没有造成更大的伤害。我看到这种情况，感觉只在教室外的问询不能解决根本问题，我便让佳保和我一起到办公室，我让他坐到座位上，给他倒了一杯水，让他先平静平静。待他平静下来，我们才开始就他与杨宇飞的问题进行交流。首先，对杨宇飞说他是"二手货"给予否定。其次，我说用旧东西不丢人，旧物利用既是我们中华民族的传统美德，也是我国的国策。最后，我说我们要有自己的主见和是非观，不能生活在他人的说教中。在我和他平心静气沟通后，他也认识到自己很冲动，最后他说："老师，今天的事我错了，我给杨宇飞道歉。"

初中生正处于青春期，他们自尊心强，易于冲动，开始关注自己，一旦得不到满足，就开始想通过武力来征服，老师遇到这种问题，首先需要自己冷静，其次需要学生冷静。让学生坐下来，看似简单坐下来，其实一方面缓解学生的焦虑情绪，另一方面使学生感到老师的尊重，从而处理问题事半功倍，学生心悦诚服。所以，在遇到学生的突发问题时，教师需要换位思考，站在学生的立场考虑问题，同时特别需要冷静。只有冷静，才能使问题得以快速圆满解决。

享受花开

世界上没有完全相同的两片树叶，每一个学生都有自己独特的方面。班主任不能要求学生都学得一样棒，做得一样好，而是需要全面客观地评价学生，看到他们的进步，相信他们一定会开花，只不过是开花的时间不同。

在我们的教学中，我们应充分认识到个体差异。有的学生可能天资较聪明，接受能力较快；有的学生可能天资一般，接受能力较慢。我们要对学生多一份关注，多一份期待，并且把这份期待传递给学生，变成学生前进的动力，使他们迎难而上，努力从各方面提高自己，让老师的期待变成现实。我班的赵同学经常考试个位数，我对他说，你看你刚入学时，语文成绩零分，你升入初中半个多学期，你在期中考试时，语文已经达到30分，这说明你不是学不会，而是没有用心学，假若你能再用点心，你的语文成绩突破60分没问题。当他看到我对他真诚期待的目光时，我感到他的心已经深深触动，之后，他上语文课特别专注，也开始认真记笔记，期末考试时，他的语文成绩考了62分，他感到特别高兴，正是期待策略使他增强了自信，他的成绩慢慢提高，家长逢人就说十四中的老师太棒了，把孩子送到十四中真是明智的选择。

作为从教30年的老教师，我秉持着捧着一颗心来，不带半根草去的教学理念，走进一个个孩子的灵魂深处，融化他们内心的坚冰。"桃李不言，下自成蹊"，当我看到孩子们的点滴进步，当家长高兴地告诉我孩子变懂事了……此时此刻，我露出了会心的微笑，那是一种发自内心深处的幸福。

作者简介

张群先，邢台市第十四中学教师，擅长解决初中生心理健康问题。讲课情绪饱满，将对科学的热爱和追求融于对学生的关心、教导和期望之中，充满着对人的高度尊重的信赖，师生之间在理解、沟通的前提下，共同营造出一种渴求知识、探索真理的热烈气氛。在邢台市政治优质课评比获二等奖，取得邢台市骨干教师、桥西区名师、桥西区优秀教师等荣誉称号。